W0267308

Christine Lehr / Monika Löhnert

Mini-Puppen

Nacht, zum Tanzen erwacht. Einmal im Jahr, an
zwischen rostigen Büchsen und ausrangierten
zum Jellicle-Ball. Es ist die Nacht, in der
eine Katze erwählt, die wieder
beginnt.
Webber's mitreißender Musik und
Eine fantastische Inszenie-
Zuschauer begeistert hat.
7
Centrum/St. Pauli
Fußweg ca. 3 Minuten
Fußweg ca. 5 Minuten
finden Sie auf Seite 22.

Christine Lehr / Monika Löhnert

Mini-Puppen

Zum Spielen und Verschenken
Mit Vorlagenbogen

AUGUSTUS

Inhalt

Impressum

Das Werk einschließlich aller seiner Teile ist urheberrechtlich geschützt. Jede Verwertung außerhalb des Urhebergesetzes ist ohne Zustimmung des Verlages unzulässig und strafbar. Das gilt insbesondere für Vervielfältigungen, Übersetzungen, Mikroverfilmungen und die Einspeicherung und Verarbeitung in elektronischen Systemen.
Es ist deshalb nicht gestattet, Abbildungen dieses Buches zu scannen, in PCs oder auf CDs zu speichern oder in PCs/Computern zu verändern oder einzeln oder zusammen mit anderen Bildvorlagen zu manipulieren, es sei denn mit schriftlicher Genehmigung des Verlages.

Die im Buch veröffentlichten Ratschläge wurden von Verfasser und Verlag sorgfältig erarbeitet und geprüft. Eine Garantie kann dennoch nicht übernommen werden. Ebenso ist eine Haftung der Verfasser bzw. des Verlages und seiner Beauftragten für Personen-, Sach- und Vermögensschäden ausgeschlossen.

Jede gewerbliche Nutzung der Arbeiten und Entwürfe ist nur mit Genehmigung von Verfassern und Verlag gestattet.
Bei der Anwendung im Unterricht und in Kursen ist auf dieses Buch hinzuweisen.

Fotografie: Klaus Lipa, Diedorf bei Augsburg
Lektorat: Renate Moog, Stephanskirchen
Umschlagkonzeption: Kontrapunkt, Kopenhagen
Satz und Layout: KL-Grafik, München
Herstellung und Umschlaglayout: Charmaine Müller

Reproduktion: Mayr Reprotechnik, Donauwörth
Druck und Bindung: Appl, Wemding

Augustus Verlag München 2001

© Weltbild Ratgeber Verlage GmbH & Co. KG.

Gedruckt auf 115 g umweltfreundlich elementar chlorfrei gebleichtes Papier.

ISBN 3-8043-0888-0

Printed in Germany

Die Deutsche Bibliothek – CIP-Einheitsaufnahme
Ein Titeldatensatz für diese Publikation ist bei
Der Deutschen Bibliothek erhältlich.

Vorwort

Wer kennt sie nicht, die Frage »Was könnte ich nur schenken«? Jemandem, der schon alles hat? Jemandem, den man nicht sehr gut kennt? Selbstverständlich soll es etwas ganz besonderes sein, etwas ganz persönliches!

Die Antwort ist einfach: Ein Geschenk aus der eigenen Werkstatt ist originell und individuell, denn nur in Eigenarbeit lassen sich die Vorlieben und Eigenheiten oder auch das Umfeld des Beschenkten am besten treffen. Anregungen gibt es in diesem Buch reichlich. Es sind Ideen, die sich auch leicht abwandeln lassen. Geben Sie die eine oder andere liebevolle Anspielung: Sei es das kleine Vergissmeinnicht, das die Erinnerung an das erste Verliebtsein wieder zurück bringt, aber auch den Hobbygärtner erfreut; die Tomate und Olive, die jeden Hobbykoch in Staunen versetzen; oder die Katze, die als Überbringer einer Eintrittskarte für das Musical »Cats« originell und dazu noch selbst ein wunderbares Geschenk ist.

Bestimmt erinnern Sie sich jetzt an unendlich viele Begebenheiten und Anlässe, für die es sich lohnt, zu Stoff und Schere zu greifen.

Auch wer keine großen Bastel- und Näherfahrungen hat, findet hier einen leichten Einstieg. Auf den ersten Seiten gibt es neben einer ausführlichen Schritt-für-Schritt-Anleitung auch wissenswerte Hinweise, die Ihnen vorab zeigen, wie einfach es ist, eine kleine Puppe selbst herzustellen. Vielleicht gefällt Ihnen dann das Puppenkind so gut, dass Sie es gar nicht mehr hergeben möchten.

In diesem Sinne:
Viel Spaß beim Arbeiten und viel Erfolg beim Umsetzen Ihrer eigenen Ideen.

Christine Lehr und
Monika Löhnert

Ausstattung, Material und Technik

Die Nähmaschine

Für alle in diesem Buch vorgestellten Modelle reicht eine einfache Nutzstichmaschine. Sie sollte neben dem Geradstich und einem Zickzackstich auch Zierstiche und Knopflöcher nähen können. Für Steppnähte verwenden Sie den einfachen Steppfuß. Für Stickarbeiten und Bogenkanten ist ein Applikationsfuß von Vorteil. Sie können aber auch das Füßchen für Zickzacknähte einsetzen. Wichtig ist, dass die Nähmaschine einen sauberen Zickzackstich hat. Am besten überprüfen Sie vor jeder neuen Arbeit Stichlänge, Stichbreite und Fadenspannung anhand einer Nähprobe.

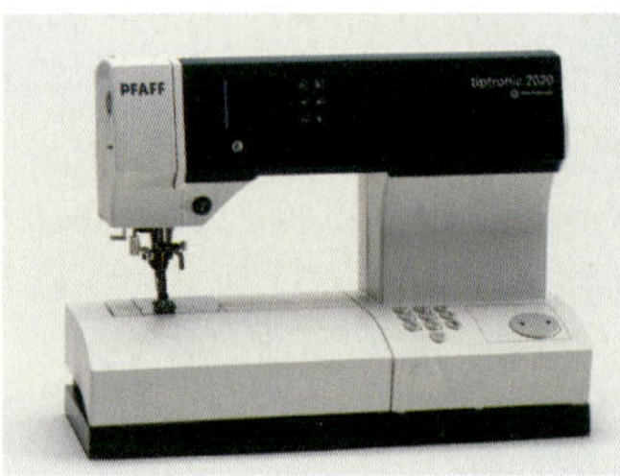

Das Garn

Verwenden Sie zum Nähen grundsätzlich einen Ober- und Unterfaden von gleicher Farbe und Qualität. Es ist ratsam, die Farbe des Nähgarns bei Tageslicht auszusuchen, denn geringe Farbnuancen sind bei Lampenlicht nur schwer zu erkennen. Im Zweifelsfall sollten Sie das Nähgarn einen Ton dunkler als den Stoff wählen. Empfehlenswert für die in diesem Buch verwendeten Stoffe ist Baumwollgarn, z. B. von der Firma Amann.

Wolle und Plüsch

Zum Gestalten der Frisuren eignen sich besonders gut Bouclèwolle oder auch Mohairwolle. Bouclèwolle hat den Vorzug, dass sich daraus natürlich wirkende Lockenfrisuren arbeiten lassen. Mohairwolle ermöglicht eine natürlich aussehende Frisur, da durch den Flausch der einzelne Wollfaden kaum sichtbar wird. Die in diesem Buch verarbeiteten Wollmaterialien sind Qualitäten der Handelsagentur Koch, Pontinusweg 7, 50859 Köln. Am schnellsten lässt sich eine Perücke aus Plüsch (Mohairplüsch) nähen. Ob Lang- oder Kurzhaarplüsch verwendet wird, kommt auf die Frisur und Kopfgröße an.

Grundmaterial und Hilfsmittel

Um einen Puppengrundtyp anfertigen zu können, benötigen Sie folgende Grundmaterialien:

- Biegbares Püppchen aus Holz und Figurendraht. Diese Holzbiegepüppchen ohne Kopf gibt es in drei verschiedenen Größen von Max Liebich: Art.-Nr. 70; Art. -Nr. 71; Art.-Nr. 72.
- Puppenvlies.
- Füllwatte bzw. Hochbauschwatte.

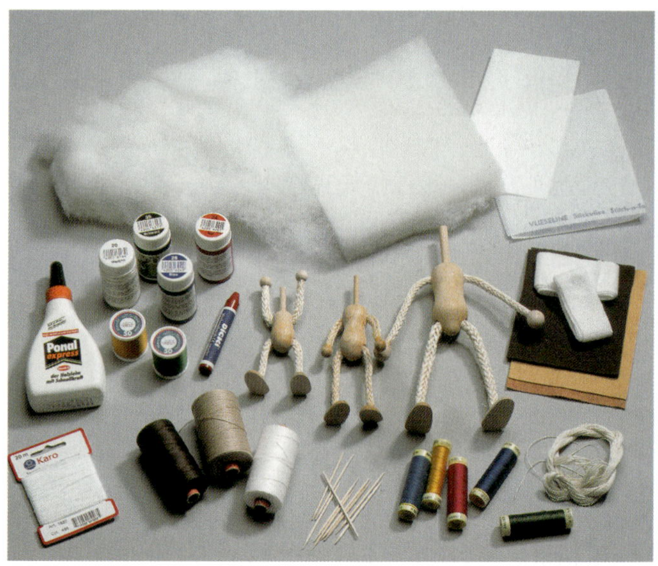

- Gesichtstrikot.
- Schlauchverband tg2 / tg3 aus der Apotheke.
- Abbindegarn, z. B. Rasant Nr. 11 von Amann.
- Festes Nähgarn, z. B. Rasant Nr. 25 von Amann: Farbe 0010 – Weiß; Farbe 0001 – Beige; Farbe 1066 – Braun.
- Baumwollnähgarn, entsprechend den Farbangaben in den Anleitungen.
- Verschiedene Stoffqualitäten.
- Stoffmalfarbe in Blau, Weiß, Braun, Schwarz und Rot zum Aufmalen der Gesichtszüge.
- Wachsmalstift in Rot für Rougeauftrag im Gesicht und für dezenten Farbauftrag auf den Lippen.
- Zahnstocher zum Malen von dünnen Linien.
- Baumwollstopfgarn in Weiß für die plastische Ausarbeitung der Gesichtszüge.
- Bastelleim: Weißleim, der transparent auftrocknet.
- Stickvlies als Nähhilfe für Ziersticke und Ausschnittränder, z.B. von der Firma Freudenberg.
- Vliesofix, z. B. von Freudenberg.

Werkzeug und Nähzubehör

- Schneiderschere, z. B. von Prym Consumer.
- Nähschere für maschinelle Näharbeiten und für kleinere Zuschnitte.
- Stickschere für manuelle Nähzwecke und zum Ausschneiden von maschinell gestickten Kanten.
- Trickmarker (z. B. von Prym Consumer) zum Markieren der Schnittteile auf dem Stoff; er ist geradezu ideal für Markierungen auf der rechten Stoffseite, da die Linien nach einiger Zeit von selbst verschwinden.
- Kreiderad für Markierungen auf dunklen Stoffen.
- Nähmaschinennadeln.
- Metermaß; auch ein Handmaß ist sehr hilfreich.
- Stecknadeln mit Stahlkopf für übliche Steckarbeiten; bei Strickware am besten Stecknadeln mit Kugelkopf.
- diverse Stopfnadeln mit großem Öhr.
- Nähnadeln in verschiedenen Längen.
- Flachzange für zusätzliche Bastelarbeiten.
- Häkelnadel zum Gestalten der Frisur.

Verarbeitungstipps

- Nähen Sie elastische Stoffe, wie z.B. Nicki oder Trikot, immer mit Zickzackstich. Überprüfen Sie das Stichbild, indem Sie eine Nähprobe machen.

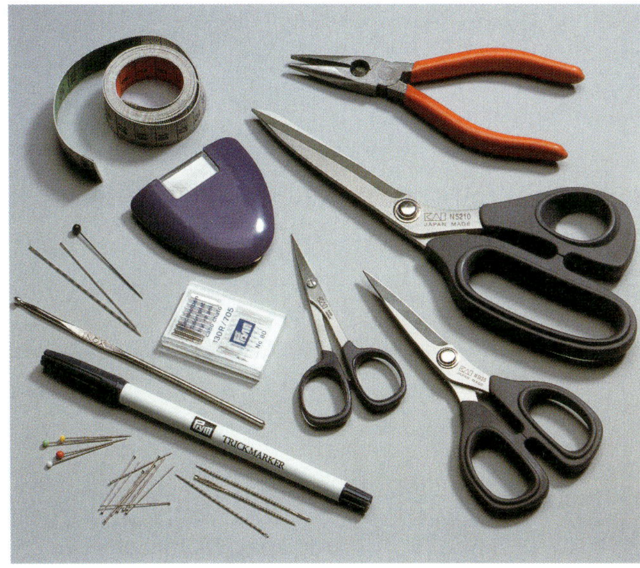

- Viele Schnittteile können Sie in doppelter Stofflage zuschneiden. Bei einigen kann man auch Nahtlinien vor dem Zuschnitt arbeiten, z. B. bei Arm- und Beinbezügen. Legen Sie dazu den Stoff, soweit nicht anders angegeben, rechts auf rechts aufeinander. Übertragen Sie dann das Schnittteil. Arbeiten Sie die Naht und schneiden Sie dann das Schnittteil zu. Auch Schulter-, Ärmel- und Seitennähte sowie die Seitennähte innen und außen einer Hose können zum Teil vor dem Zuschnitt genäht werden.
- Legen Sie beim Nähen von Zierstichen und Bogenkanten Stickvlies unter das Nähgut. Das Vlies verhindert, dass sich die Naht wellt oder sich eine Kante ausdehnt. Es lässt sich nach dem Nähvorgang leicht entlang der Naht abreißen.
- Schlagen Sie Säume immer nur einmal ein. Je nach Stoffart kann man die Kante zuvor versäubern und dann im Steppstich einsäumen. Ansonsten nähen bzw. befestigen und versäubern Sie die Saumkante in einem Arbeitsgang mit Zickzackstichen.
- Beim Anfertigen der Kleidungsstücke werden zum Teil Rollsäume entlang von Ausschnittkanten und Saumkanten gearbeitet. Arbeiten Sie die Rollsäume, ohne die Fadenenden zu vernähen. Nach dem Anziehen eines Kleidungsstückes werden die Rollsaumkanten zusammengezogen, die Fadenenden verknotet und nach innen gezogen. Verwenden Sie für Rollsäume das feste Nähgarn Rasant Nr. 25 von Amann.

Handstiche

Es ist von Vorteil, wenn Sie einige der gebräuchlichsten Handstiche kennen:

1 Heftstich zum schnellen Zusammenhalten zweier Stoffteile.

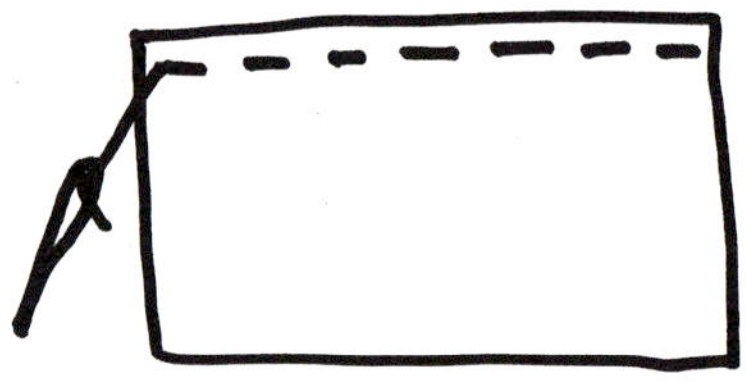

2 Matratzenstich oder Zugstich, um zwei Stoffkanten gegeneinander zu nähen.

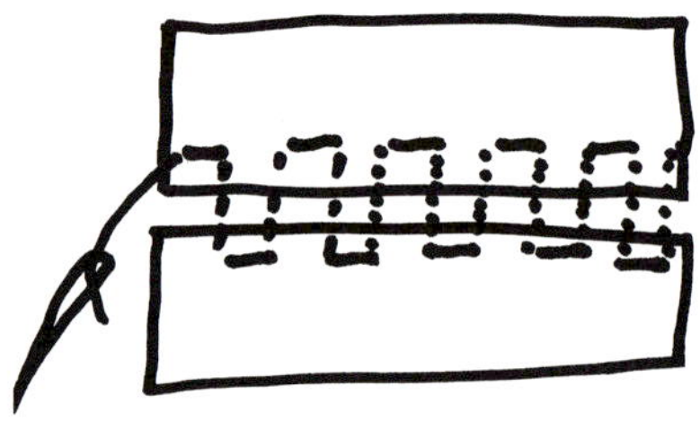

3 Knopflochstich zum Nähen der Schuhe.

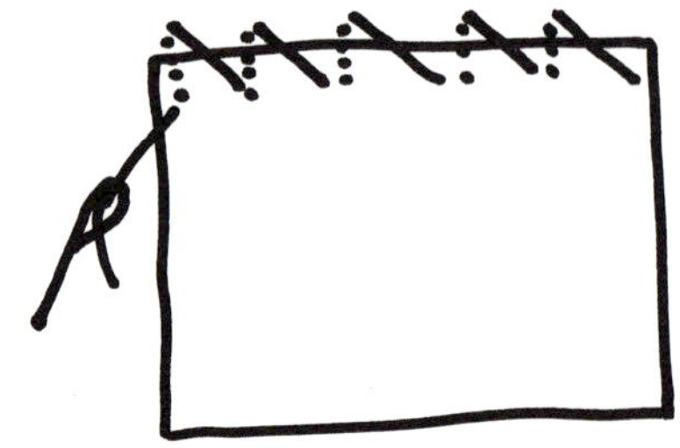

4 Rollsaumstich für Hals- und Armausschnitte sowie Bund- und Saumkanten.

Für Stickarbeiten benötigen Sie außerdem noch den Spannstich, der wie der Heftstich, aber nur durch eine Stofflage gearbeitet wird.

Fertigung des Puppengrundtyps

Materialverbrauch und Zuschnitt

Für die unterschiedlich großen Figuren müssen die dafür notwendigen Grundmaterialien entsprechend zugeschnitten werden. Achten Sie in den Anleitungen auf den vorgegebenen Puppentyp und bereiten Sie nach der folgenden Aufstellung den Zuschnitt vor:

Puppentyp 1 (kleines Gestell)

- Puppenvlies ...

... für den Kopfkern: Ein Streifen von 30 x 2 cm
... für die Kreuzbänder: Zwei Streifen von 15 x 2 cm

- Schlauchverband tg2: 15 cm lang
- Trikotstoff für das Gesicht: Ein Rechteck von 9 x 6 cm

Puppentyp 2 (mittelgroßes Gestell)

- Puppenvlies ...

... für den Kopfkern: Ein Streifen von 30 x 3 cm
... für die Kreuzbänder: Zwei Streifen von 26 x 3 cm

- Schlauchverband tg2: 25 cm lang
- Trikotstoff für das Gesicht: Ein Rechteck von 11 x 8 cm

Puppentyp 3 (großes Gestell)

- Puppenvlies ...

... für den Kopfkern: Ein Streifen von 45 x 5 cm
... für die Kreuzbänder: Zwei Streifen von 35 x 5 cm

- Schlauchverband tg3: 35 cm lang
- Trikotstoff für das Gesicht: Ein Rechteck von 14 x 10 cm

Schritt für Schritt

1. Bestreichen Sie das Kopf-Halsteil des Gestells (Pin) mit Bastelleim. Wickeln Sie dann den Vliesstreifen für den Kopfkern einmal um den Pin; andrücken bis der Leim trocken ist. Danach den Vliesstreifen komplett aufrollen und darauf achten, dass zwischen Körper und dem Kopfkern ca. 3 mm Abstand bleiben!

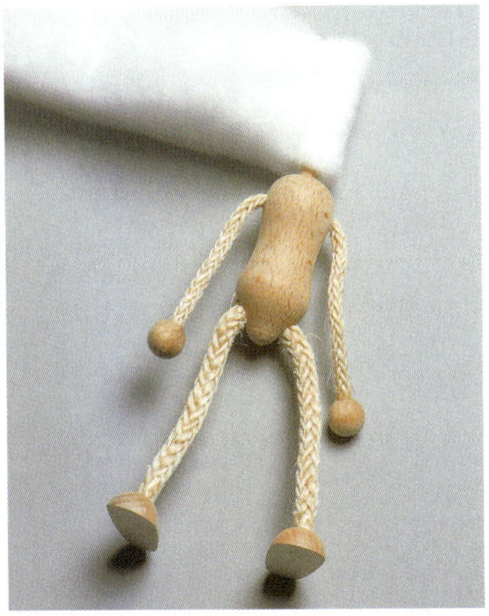

2. Zupfen Sie den Vliesstreifen für die Kreuzbänder auseinander. Die Teile über Kreuz, jeweils etwas zueinander versetzt auf den Kopf legen; dabei weist die flauschige Seite nach außen. Die Vliesenden nach unten ziehen, halten, am Hals mit festem Garn spiralförmig umwickeln und die Garnenden sorgfältig verknoten.

3. Umwickeln Sie den Schlauchverband an einem Ende mit festem Garn und verknoten Sie die Garnenden. Dann den Schlauchverband so über den Kopf stülpen, dass die Abbindestelle oben auf dem Kopf mittig und innen liegt. Den Schlauchverband straff nach unten ziehen, mit festem Garn umwickeln und die Garnenden verknoten.

4. Um Augen- und Kinnpartie zu formen, muss der Kopf mit Abbindegarn eingeschnürt werden. Sehr hilfreich ist hier ein Fischerknoten: Legen Sie in der Mitte des Garns zwei Schlingen nebeneinander, ähnlich einem kleinen »e«. Das erste »e« auf das zweite legen (nicht klappen!). Die so entstandene Doppelschlinge in Augenhöhe um den Kopf legen und dabei den Knoten am linken Ohr platzieren. Danach die Garnenden anziehen und verknoten.

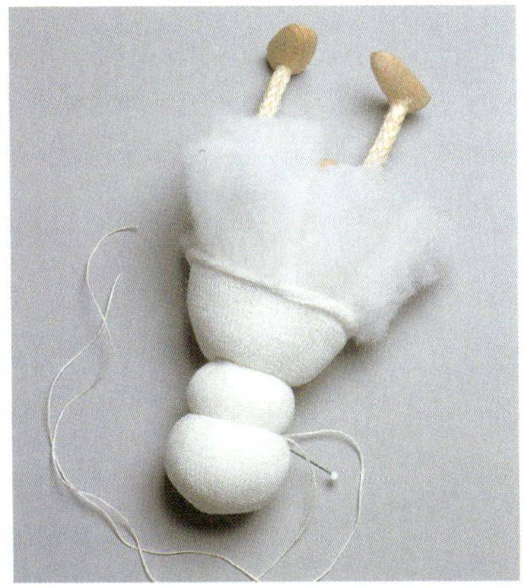

5. Um die Kinnpartie zu formen, legen Sie wiederum zuerst den Fischerknoten. Legen Sie dann die Doppelschlinge so um den Kopf, dass sie die Abbindestelle am Hals berührt und ihre Fäden über den Knoten am Ohr bzw. über beide Seitenpartien verlaufen (evtl. zwei Nadeln zu Hilfe nehmen). Den Knoten oben am Kopf platzieren. Dann die Garnenden anziehen und verknoten.

6. Arbeiten Sie entlang den Einschnürstellen oben und hinten am Kopf (jeweils von Ohr zu Ohr) eine Naht im Matratzenstich oder Zugstich. Auf diese Weise werden die Einschnürungen zugenäht. Danach

arbeiten Sie den Oberkörper: Den Schlauchverband seitlich aufschneiden, um so die Arme frei zu bekommen. Beide Teile nach unten ziehen und zuerst im Schritt, dann an den Seiten zusammennähen.

7. Sie können das Gesicht noch weiter ausarbeiten, indem Sie Nase und Mund plastisch hervorheben: Dazu die Augen vorab mit Stahlkopfstecknadeln markieren, um die Position von Nase und Mund exakt festlegen zu können. Dann die Augennadeln wieder entfernen! Sticken Sie Nase und Lippen im Spannstich auf und verwenden Sie dazu doppelfädiges Baumwollstopfgarn. Arbeiten Sie darüber dann Schlingstiche, so als würden Sie Nase und Lippen spiralförmig umwickeln. Die Nase wird kräftiger herausgearbeitet als der Mund. Achten Sie bei Ober- und Unterlippe darauf, dass Sie die gleiche Anzahl Stickstiche haben. Zur Überprüfung des Gesichtsausdruckes zwischendurch den Trikotstoff leicht über das Gesicht spannen. Speziell beim Katzengesicht muss das Kinn besonders ausgearbeitet werden. Verwahren Sie hierfür einen festen Faden seitlich hinter dem rechten Ohr. Stechen Sie nun vom Ohr zum rechten Mundwinkel, legen Sie einen Spannstich zur rechten Kinnseite und stechen Sie den Faden zurück zum Ohr. Ziehen Sie nun den Faden etwas an und verwahren Sie ihn. Ebenso verfahren Sie mit der linken Seite.

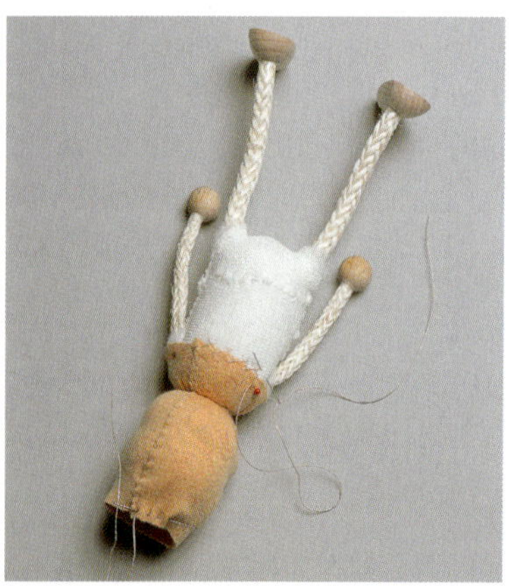

8. Nun den Trikotstoff um den Kopf spannen und mit festem Garn am Hals umwickeln; die Fadenenden verknoten. Schließen Sie dann die hintere Naht. Danach ziehen Sie den Trikot an der Kopfoberkante mit Heftstichen leicht zusammen. Die Unterkante ringsum am Körper festnähen.

9. Um die Augenpartie noch besser auszuarbeiten, markieren Sie mit zwei Stecknadeln die Augen! Vernähen Sie anschließend einen festen Nähfaden hinter dem rechten Ohr. Dann am Ohr einstechen und beim rechten Auge ausstechen. Eine Masche überspringen, einstechen und beim linken Auge ausstechen. Auch hier eine Masche überspringen, einstechen und jetzt am linken Ohr ausstechen. Den Faden leicht anziehen, dann hinter dem Ohr vernähen. Zum Einziehen der Nasenlöcher verwenden Sie jeweils einen separaten Faden des festen Garnes. Für jedes Nasenloch wird dann ein Fadenende vom Nasenloch zur Kopfoberseite hin durchgezogen. Die Nadel ausfädeln, am Nasenloch wieder einfädeln, eine Masche überspringen und den Faden erneut zur Kopfseite hin durchziehen. Achten Sie darauf, dass alle Fäden nicht sichtbar unter der eingeschnürten Augenpartie durchgeführt sind. Alle Fadenenden nur so weit anziehen, dass die Nasenlöcher gleich stark eingezogen sind.

Auch zum Einziehen der Mundwinkel verwenden Sie jeweils einen separaten Faden. Für den rechten Mundwinkel wird dann ein Fadenende vom rechten Mundwinkel zum rechten Ohr durchgezogen. Die Nadel ausfädeln, am Mundwinkel neu einfädeln, eine Masche überspringen und den Faden erneut zum rechten Ohr durchziehen. Der linke Mundwinkel wird entsprechend gearbeitet. Ziehen Sie nun die Fadenenden gleichmäßig an und vernähen Sie sie.

10. Je nach Modell werden die Arme und Beine unterschiedlich bezogen.
Wird ein Ärmelsaum am Handgelenk festgenäht, genügt es, nur die Hände zu beziehen: Schneiden Sie pro Hand

ein Quadrat von 5 x 5 cm aus dem Trikotstoff zu. Ziehen Sie es straff über die Hand und binden Sie den Überzug am Handgelenk mit festem Garn ab.
Bleiben die Arme sichtbar, werden sie komplett mit Trikot bezogen.
Den Trikotstoff doppelt, rechts auf rechts legen und das Schnittmuster übertragen. Arbeiten Sie zuerst die Naht. Danach schneiden Sie die Schnittform aus. Das Teil wenden, über Hand und Arm ziehen und die Oberarmkante am Körper festnähen. Um die Hände auszuarbeiten, binden Sie zuletzt den Bezug am Handgelenk ab.
Die Beine können ebenso bezogen werden wie die Arme. Die einfachste Variante eines Schuhmodells, ist der genähte Nickischuh: Legen Sie den Nickistoff doppelt rechts auf rechts und übertragen Sie einmal das Schnittmuster. Arbeiten Sie zuerst die äußere Naht. Danach die Form ausschneiden und mittig über die Breitseite durchschneiden. Beide Schuhteile wenden und straff über die Puppenfüße ziehen. Zuletzt wird die Beinpartie mit festem Garn umwickelt und die Garnenden verknoten.

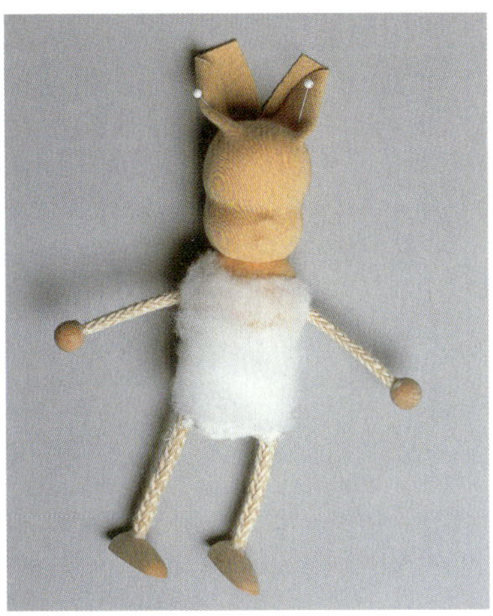

11. Wenn Sie eine Puppe mit Halbglatze machen möchten, wie z. B. beim Arzt und beim Weinfreund, spannen Sie den Trikot um den Kopf, wie zuvor beschrieben. Schließen Sie jedoch die hintere Naht nur bis zum oberen Drittel. Die Trikotoberkante von der Stirn aus nach hinten legen und feststecken. Die Ecken abschneiden und die so entstandenen Abnäher schließen. Diese Nähte werden bei der Frisurengestaltung durch den Perückenstreifen verdeckt.

12. Wenn Sie eine Puppe z. B. am Bauch auspolstern müssen, zupfen Sie einfach ein Stück Vlies auseinander. Nähen Sie dann eine Hälfte davon mit dem Flausch nach außen an entsprechender Stelle auf.

Die Bemalung

Um das Gesicht bemalen zu können, werden Augen und Mund mit je einer Stahlkopfstecknadel markiert. Punkte werden mit dem Kopf einer Stahlkopfstecknadel, Striche mit einem Zahnstocher gemalt. Durch unterschiedliche Bemalung erhalten die Puppen immer wieder einen völlig neuen Gesichtsausdruck. Sie können z. B. die Lidstriche flach, oval, rund oder spitz aufmalen. Entsprechendes gilt für die Augenbrauen. Augen mit einem Lichtpunkt wirken grundsätzlich lebendiger: Die Pupillenfarbe trocknen lassen und danach mit der Nadelspitze oder einem Zahnstocher in jedes Auge einen kleinen weißen Punkt setzen. Achten Sie darauf, dass die Lichtpunkte beider Augen in die gleiche Richtung zeigen. Noch ausdrucksvoller können Sie die Augen gestalten, wenn Sie weiße Farbe in die Winkel der aufgemalten Lidstriche setzen.

Um den Mund darzustellen, reicht schon ein kleiner Punkt, mit oder ohne Querstrich. Wenn Sie eine Puppe mit »modellierten« Lippen haben, malen Sie diese einfach dezent mit einem roten Wachsmalstift oder kräftig mit roter Stoffmalfarbe nach. Auch mit einem Hauch von Rouge wirken die Puppen lebendiger. Färben Sie dazu einfach ein Stück Vliesrest dick mit einem roten Wachsmalstift ein und betupfen Sie damit Stirn und Wangen. Kleine Punkte wie z. B. Sommersprossen lassen sich mit Hilfe einer Nadelspitze aufsetzen. Es ist ratsam, die Bemalung erst auf dem Hinterkopf der Puppe auszuprobieren.

Die Frisurengestaltung

Perücke aus Mohairplüsch

Übertragen Sie das Schnittmuster auf die linke Plüschseite und schneiden Sie die Form aus. Arbeiten Sie dann alle Abnäher und schließen Sie danach die hintere Naht. Wenn Sie die Perücke aufnähen, schlagen Sie dabei die Schnittkante knapp ein. Dieses Perückenmodell finden Sie z. B. bei der Struwwelliese, dem Heimwerker und dem Angler.

Gehäkelte Perücke

Schlagen Sie drei Luftmaschen an und schließen Sie die Kette zum Ring. Danach mit Stäbchen weiterhäkeln. In jeder Runde mehrere Maschen zunehmen, so dass eine Kappe entsteht. Die Perücke immer wieder aufprobieren, um die exakte Passform zu überprüfen. Achten Sie beim Häkeln darauf, dass der Flausch bzw. die Schlingen des Wollfadens auf der Außenseite der Perücke liegen. Dieses Perückenmodell erhalten z. B. Engel, Schneeglöckchen, Seemann, Afrikanerin und Grieche.
Hinweis: Aufgrund des unterschiedlichen Vliesmaterials und der verschiedenen Arbeitsweise gleicht kein Kopf dem anderen. Daher sind genauere Maßangaben nicht möglich.

Haarkranz

Für diese Perücke müssen Sie einen Gesichtsüberzug für eine Halbglatze arbeiten wie unter Schritt 11 beim Puppengrundtyp beschrieben. Schneiden Sie danach einfach einen ausreichend großen Streifen aus Mohairplüsch zu und nähen Sie ihn vom Hinterkopf aus bis zu den Ohren hin auf. Achten Sie darauf, dass die Kopfnaht des Gesichtsüberzugs von der Perücke überdeckt wird; dabei auch auf die Strichrichtung achten – von oben nach unten bzw. über die Schmalseite! Einen solchen Haarkranz finden Sie zum Beispiel bei den Puppenmodellen Arzt und Weinfreund.

Aufgestickte Perücke

Hierbei wird direkt auf dem Kopf gearbeitet. Zeichnen Sie vorab den Haaransatz mit einem Trickmarker vor. Sticken Sie dann mit doppeltem Faden und im kurzen Spannstich ein Kreuz über die Hinterkopfmitte.
Jedes Kopfviertel wird nun nach und nach mit langen Spannstichen jeweils zur Haaransatzlinie hin dicht überstickt. Achten Sie darauf, dass alle Stiche unter dem Kreuz durchgeführt werden, damit sich die Wolle selber hält. Besonders natürlich wirkt die Frisur, wenn entlang der gezeichneten Haaransatzlinie unregelmäßig gestickt wird; beachten Sie dazu die Puppenmodelle Sonnenblume mit Baby und Vergissmeinnicht.

Eine **Sonderform** bildet noch das Chinesenkind: Legen Sie Fäden von ca. 35 cm Länge nebeneinander hin. Um diese zusammenzuhalten, arbeiten Sie dann eine Zickzacknaht über die Mitte (man nennt dies auch tressieren). Danach können Sie leicht die Haare entlang dieser Tressiernaht auf dem Scheitel festnähen. Nun am Haaransatz unterhalb des Ohres noch zwei bis drei Fäden einziehen, zusammen mit den tressierten Fäden abbinden und zwei kurze, dicke Zöpfe flechten.

Struwwelliese

Foto Seite 15; Vorlagenbogen Seite A

Material

- *großes Gestell*
- *Trikotstoff in Weiß*
- *Gesichtstrikot*
- *gestreifter Nickistoff in Blau*
- *Strickstoff in Braun*
- *1 Knopf in Rot*
- *kleine Flicken*
- *Filz in Rot*
- *Baumwollnähgarn in Rot, Weiß, Braun, Blau und Beige*
- *Mohairplüsch, Langhaar*

So wird's gemacht

Beachten Sie grundsätzlich die Anleitung zur Fertigung des Puppengrundtyps auf Seite 8 bis 12 sowie die Verarbeitungstipps auf Seite 7. Entsprechend bereiten Sie dann den Puppentyp 3 vor. Überziehen Sie Gesicht, Hände und Beine mit dem Gesichtstrikot. Die Augen in Braun aufmalen und die Lippen in Rot nachmalen. Mit etwas Rouge auf Stirn und Wangen wirkt das Gesicht lebendiger.

Übertragen Sie zweimal den Schnitt für die **Strümpfe** auf doppelt gelegten, braunen Strickstoff; dabei auf den Maschenlauf achten! Arbeiten Sie zuerst die Nähte. Danach die Teile ausschneiden und auf rechts wenden. Bevor Sie die Strümpfe anziehen, schneiden Sie ein Loch hinein. Wer will, kann auch noch eine Laufmasche gut sichtbar anbringen.
Übertragen Sie den **Blusenschnitt** einmal im Bruch liegend auf weißen Trikot. Zuerst die Ärmel- und Seitennähte schließen. Dann das Blusenteil ausschneiden. Die Unterkante einsäumen und ein paar Flicken auf Vorder- und Rückteil nähen. Wer will, kann auch noch ein Loch stopfen. Arbeiten Sie dann die Rollsäume und passen Sie die Bluse dem Puppenkörper an. Zuletzt befestigen Sie noch den Knopf oben an der Ausschnittkante.

Schneiden Sie einmal den **Pullunderschnitt** im Bruch liegend aus rotem Filz zu. Dann die Seitennähte schließen.
Schneiden Sie für den **Rock** ein Rechteck von 24,0 x 10,0 cm aus dem Nicki zu. Die hintere Naht schließen, die Unterkante einsäumen und auch ein paar Flicken aufnähen. Arbeiten Sie dann einen Rollsaum entlang der Bundkante und passen Sie den Rock dem Puppenkörper entsprechend an.
Fertigen Sie nun die **Perücke:** Den Plüsch entsprechend dem Schnittteil zuschneiden. Dann die Abnäher sowie auch die hintere Naht schließen. Die Perücke auf den Kopf setzen und festnähen.
Die **Schleife** einmal aus Filz zuschneiden, in der Mitte etwas zusammenraffen und auf dem Kopf festnähen.

Lieschen

Vorlagenbogen Seite A

Material

- *großes Gestell*
- *Trikotstoff in Weiß*
- *Gesichtstrikot*
- *Baumwollstoff in Rot mit weißen Punkten*
- *schmale Baumwollspitze in Weiß, ca. 40 cm*
- *Spitzenstoff in Weiß, 20,0 x 7,0 cm*
- *Filz in Braun und Weiß*
- *Schrägband in Weiß*
- *Baumwollnähgarn in Beige, Rot und Weiß*
- *Mohairplüsch, Langhaar*

So wird's gemacht

Beachten Sie grundsätzlich die Anleitung zur Fertigung des Puppengrundtyps auf Seite 8 bis 12 sowie die Verarbeitungstipps auf Seite 7. Entsprechend bereiten Sie dann den Puppentyp 3 vor. Überziehen Sie Gesicht, Arme und Beine mit dem Gesichtstrikot. Die Augen in Braun aufmalen und die Lippen in zartem Rot nachmalen. Mit etwas Rouge auf Stirn und Wangen wirkt das Gesicht lebendiger.

Übertragen Sie zweimal den Schnitt für die **Socken** auf den weißen Trikot in doppelter Stofflage. Arbeiten Sie zuerst die Nähte. Danach schneiden Sie die Teile aus. Die Strümpfe auf rechts wenden, ca. 1 cm einschlagen und anziehen.
Die **Bluse** schneiden Sie im Bruch liegend aus dem Tupfenstoff zuschneiden. Bevor Sie die Ärmel- und Seitennähte schließen, nähen Sie zuerst die Baumwollspitze an die Saumkante der Ärmel. Danach die Unterkante einsäumen. Um die Bluse leicht überziehen zu können, müssen Sie das Rückteil entlang der hinteren Mitte vom Halsausschnitt aus aufschneiden. Arbeiten Sie dann einen Rollsaum entlang dem Ausschnitt und knapp entlang den Ärmelsaumkanten. Die Bluse anziehen bzw. anpassen, und dabei die Ärmel leicht nach oben schieben. Zuletzt den Schnitt auf dem Rückteil zunähen.

Für den **Rock** benötigen Sie ein 42,0 x 7,5 cm großes Rechteck wiederum aus dem Tupfenstoff. Die hintere Naht schließen, die Unterkante einsäumen und entlang der Bundkante einen Rollsaum arbeiten. Den Rock anziehen und dem Puppenkörper anpassen.
Für die **Schürze** säumen Sie nun das Rechteck aus Baumwollspitze an der Unterkante und den Seiten ein. Danach die Bundkante bis auf 12,0 cm Breite raffen. Falten Sie das Schrägband zur Hälfte, schieben Sie es über die Bundkante der Schürze und lassen Sie dabei rechts und links ausreichend lange Bänder stehen. Zuletzt knappkantig absteppen.
Fertigen Sie dann die **Perücke**: Schneiden Sie den Mohairplüsch entsprechend dem Schnittteil zu. Zuerst die Abnäher und dann die hintere Naht schließen. Die Perücke überziehen und festnähen.
Übertragen Sie nun noch das Schnittteil für die **Schleife** auf den doppeltgelegten Tupfenstoff. Entlang der Kontur abnähen und dabei eine Öffnung lassen. Das Teil ausschneiden, wenden und in der Mitte etwas zusammenraffen. Dann die Schleife auf dem Kopf festnähen.
Die **Pantoffeln** werden aus Filz gefertigt. Sie benötigen pro Schuh: eine weiße Sohle, eine braune Sohle sowie als Oberblatt ein halbes braunes Sohlenteil. Alle Teile aufeinander legen und rundum zusammensteppen. Danach die Pantoffeln anziehen.
Für den **Kragen** nehmen Sie die restliche Spitze und arbeiten entlang der unversäuberten Kante einen Rollsaum. Legen Sie die Spitze um den Hals und verknoten Sie die Fadenenden.

Perfekt

wird die Frisur, wenn Sie Strähnchen für Strähnchen angefeuchtet auf Dauerwellenwickler drehen und nach dem Trocknen in Form bringen.

Afrikanerin

Vorlagenbogen Seite A

Material

- *großes Gestell*
- *Trikotstoff in Dunkelbraun*
- *Nickistoff in Maisgelb, im Streifenmuster und in Orange*
- *Bouclé wolle in Schwarz*
- *Rocaillesperlen in Gold*
- *buntes Kinderarmband*
- *Körbchen*
- *Klettband*
- *Baumwollnähgarn in Gelb, Braun, Orange und Beige*

So wird's gemacht

Beachten Sie grundsätzlich die Anleitung zur Fertigung des Puppengrundtyps auf Seite 8 bis 12 sowie die Verarbeitungstipps auf Seite 7. Entsprechend bereiten Sie dann den Puppentyp 3 vor. Überziehen Sie Gesicht, Arme und Beine mit dem dunkelbraunen Trikot. Malen Sie die Augen in Schwarz mit einem weißen Lichtpunkt. Setzen Sie auch etwas Weiß in die Augenwinkel hinein. Die Lippen in Rot aufmalen.

Beginnen Sie mit der **Bluse** und schneiden Sie entsprechend den gelben Nickistoff zu. Schließen Sie nun zuerst die Seitennähte bis zur Markierung. Schlagen Sie dann die Unterkante ein und säumen Sie diese von Hand. Danach arbeiten Sie einen Rollsaum entlang dem Halsausschnitt und auch beiden Armausschnitten. Die Bluse über die Puppe ziehen und die Rollsaumkanten entsprechend dem Körper anpassen.
Für die **Haare** häkeln Sie aus der Bouclé wolle eine Kappe. Nähen Sie diese nach Überprüfung der Passform rundum mit Handstichen auf dem Puppenkopf fest.
Nun schneiden Sie für den **Rock** ein Rechteck von 24,0 x 11,0 cm aus dem gestreiften Nicki zu. Säumen Sie zuerst die Kanten rundum ein. Bestimmen Sie dann eine Längskante als Bund und bringen Sie entsprechend einen kleinen Klettbandverschluss an. Um den Bund in Form zu halten, ziehen Sie nun einen festen Faden entlang der Bundkante ein. Bevor Sie dann den Faden vernähen, überprüfen Sie die Passform.
Für den **Turban** benötigen Sie aus dem orangefarbenen Nicki ein Rechteck von 25,0 x 5,0 cm. Nähen Sie den Stoffstreifen zu einem Schlauch und wenden Sie ihn auf rechts. Verschlingen Sie den Schlauch zum Turban, setzen Sie ihn auf den Kopf der Afrikanerin und stellen Sie das Körbchen hinein; beides am besten mit Leim fixieren.
Nun arbeiten Sie noch die Perlenkette: Fädeln Sie dazu die Rocaillesperlen auf einen ausreichend langen Garnabschnitt. Danach können Sie die Kette zusammen mit dem Kinderarmband in beliebiger Anordnung um den Puppenhals legen.

Perfekt

wird das Gesicht, wenn der Mund mit weißer Farbe vorgemalt und nach dem Trocknen in kräftigem Rot übermalt wird.

Chinese

Foto Seite 17; Vorlagenbogen Seite A

Material

- *großes Gestell*
- *Trikotstoff in Weiß*
- *Gesichtstrikot*
- *Filz in Gelb und Braun*
- *gelb-braun gemusterter Stoff*
- *Vliesofix*
- *Nickistoff in Mittelblau und Dunkelblau*
- *Schrägband in Hellgrün*
- *Samtfaden in Blau*
- *Mohairwolle in Schwarz*
- *Stickgarn in Braun*
- *Baumwollnähgarn in Braun, Weiß, Dunkelblau, Hellgrün, Mittelblau und Beige*
- *3 Knöpfe in Schwarz*

So wird's gemacht

Beachten Sie grundsätzlich die Anleitung zur Fertigung des Puppengrundtyps auf Seite 8 bis 12 sowie die Verarbeitungstipps auf Seite 7. Entsprechend bereiten Sie dann den Puppentyp 3 vor. Überziehen Sie das Gesicht und auch die Hände mit Gesichtstrikot. Die Beine komplett mit weißem Trikotstoff überziehen. Malen Sie die Augen in Braun mit einem weißen Lichtpunkt. Die Lippen mit einem roten Wachsmalstift leicht einfärben und etwas Rouge auf die Wangen tupfen.

Schneiden Sie die **Jacke** aus dem mittelblauen Nicki zu. Schließen Sie dann zuerst die Schulter-, Ärmel- und Seitennähte. Danach fassen Sie die vorderen Schnittkanten sowie die untere Saumkante mit Schrägband ein. Arbeiten Sie dann den Verschluss: Dazu die Knöpfe am rechten Vorderteil annähen und auf dem linken Vorderteil drei von Hand gelegte Samtfadenschlingen dagegennähen. Arbeiten Sie zuletzt die Rollsäume und passen Sie danach die Jacke an.
Schneiden Sie nun die **Hose** aus dem dunkelblauen Nicki zu. Arbeiten Sie dann zuerst die Seitennähte innen und außen. Danach die Hosenteile rechts auf rechts ineinander stecken und die Mittelnaht schließen. Wenden Sie die Hose auf rechts und arbeiten Sie die Rollsäume. Die Hose überziehen und entsprechend dem Körper anpassen.
Für die **Haare** müssen Sie zuerst den Kopf besticken. Arbeiten Sie dann zusätzlich eine Zopfperücke, wie bei der Anleitung zur Frisurengestaltung auf Seite 12 beschrieben.
Für den **Hut** schneiden Sie jeweils ein Quadrat entsprechend der Schnittgröße aus dem gelben Filz sowie auch aus dem gemusterten Stoff zu. Bügeln Sie diese Zuschnittteile mit Hilfe von Vliesofix aufeinander. Übertragen Sie dann das Schnittmuster und schneiden Sie die Stofflage entsprechend zu. Nun kleben Sie das Zuschnittteil ähnlich einer Tüte zum Hut zusammen. Bevor Sie dann den Hut aufkleben, überprüfen Sie die Passform. Befestigen Sie nun noch in Höhe der Ohren jeweils ein Ende eines Stickfadens und binden Sie die losen Enden unterhalb dem Kinn, etwas seitlich versetzt, zusammen.
Zum Schluss schneiden Sie die **Schuh**sohlen zweimal in doppelter Stofflage aus braunem Filz zu. Steppen Sie die Teile paarweise knappkantig aufeinander. Für die Riemchen jeweils einen schmalen Filzstreifen zuschneiden und entsprechend der Abbildung aufnähen. Danach die Schuhe unter die Fußsohlen kleben.

Perfekt

wird das Chinesenkind, wenn Sie den hautfarbenen Gesichtstrikot vor dem Überzug mit starkem Schwarztee einfärben.

Grieche

Vorlagenbogen Seite A

Material

- *großes Gestell*
- *Gesichtstrikot*
- *Strukturstoff in Weiß*
- *Nickistoff in Weiß*
- *Filz in Weiß, Rot und Schwarz*
- *Bouclèwolle in Braun*
- *Satinband in Rot, 16 cm lang und 2,5 cm breit*
- *2 Bommeln in Rot*
- *etwas Füllwatte*
- *Baumwollnähgarn in Schwarz, Weiß, Rot und Beige*
- *Samtfaden in Schwarz*

So wird's gemacht

Beachten Sie grundsätzlich die Anleitung zur Fertigung des Puppengrundtyps auf Seite 8 bis 12 sowie die Verarbeitungstipps auf Seite 7. Entsprechend bereiten Sie dann den Puppentyp 3 vor. Überziehen Sie das Gesicht und auch die Hände mit dem Trikot. Malen Sie die Augen in Braun. Dann die Lippen mit einem roten Wachsmalstift leicht einfärben sowie etwas Rouge auf Stirn und Wangen tupfen.

Für die Beine benötigen Sie zwei weiße Filzrechtecke von 6,0 x 4,0 cm. Legen Sie jedes Teil stramm um ein Bein und nähen Sie es auf der Rückseite zusammen.
Schneiden Sie dann die **Hose** aus dem weißen Nicki zu. Schließen Sie zuerst die Seitennähte innen und außen. Danach arbeiten Sie die Rollsäume. Zum Anpassen der Hose, die Holzfüße entfernen und nach dem Anziehen der Puppe wieder ankleben.
Arbeiten Sie das **Hemd** aus dem weißen Strukturstoff. Nach dem Zuschnitt zuerst die Ärmel- und Seitennähte schließen. Säumen Sie dann die Unterkante ein. Als nächstes die Rollsäume arbeiten, dann das Hemd anpassen.
Für den **Rock** benötigen Sie ein Rechteck von 45,0 x 6,0 cm wiederum aus weißem Strukturstoff. Bestimmen Sie eine Längskante als Unterkante und säumen Sie diese ein. Schließen Sie die hintere Naht und arbeiten Sie entlang der Bundkante einen Rollsaum. Den Rock über die Puppe ziehen und anpassen. Zuletzt das Satinband etwas zusammenraffen, um die Taille legen und auf der Rückseite zusammennähen.
Die **Weste** wird aus schwarzem Filz im Stoffbruch zugeschnitten. Nähen Sie zuerst die Seitennähte. Danach schneiden Sie die vordere Mitte auf und bügeln die Ecken zum Revers.
Für die **Haare** häkeln Sie nun aus der Bouclèwolle eine Kappe. Nähen Sie diese mit Handstichen rundum auf dem Kopf fest.
Für den **Hut** verwenden Sie den roten Filz. Schneiden Sie die Teile zu. Achtung: den Hutrand entsprechend den Maßangaben zuschneiden! Danach nähen Sie den Hutrand am runden Mittelteil an. Den Hut auf rechts wenden, mit etwas Füllwatte ausstopfen, dann auf dem Kopf festkleben.
Schneiden Sie die **Schuhsohle** zweimal in doppelter Stofflage aus schwarzem Filz zu und steppen Sie jedes Sohlenpaar knappkantig aufeinander. Um die Schuhe auf rechts wenden zu können, schneiden Sie jeweils eine Filzlage der Länge nach ein. Die Schuhe anziehen und die Einschnittstelle so weit wie möglich schließen. Zum Schluss kleben Sie dann noch einen roten Bommel auf die Naht und binden die Samtfäden um die Hosenbeine.

Olive

Vorlagenbogen Seite A

Material

- *kleines Gestell*
- *Gesichtstrikot*
- *Filz in Olivgrün, Mittelgrün und Hellbraun*
- *Nickistoff in Dunkelblau, Hellgrün und Hellbraun*
- *Mohairplüsch*
- *Blumendraht, 11 cm lang*
- *Baumwollnähgarn in Hellbraun, Hellgrün, Dunkelblau, Beige, Olivgrün und Mittelgrün*
- *etwas Füllwatte*

So wird's gemacht

Beachten Sie grundsätzlich die Anleitung zur Fertigung des Puppengrundtyps auf Seite 8 bis 12 sowie die Verarbeitungstipps auf Seite 7. Entsprechend bereiten Sie dann den Puppentyp 1 vor. Überziehen Sie Gesicht und Hände mit dem Gesichtstrikot und arbeiten Sie auch gleich die Schuhe aus hellbraunem Nicki. Malen Sie die Augen in Braun. Den kreisrunden Mund in Rot aufmalen.

Schneiden Sie die **Hose** aus dem hellgrünen Nicki zu und schließen Sie die Seitennähte innen und außen. Danach arbeiten Sie die Rollsäume und passen die Hose entsprechend dem Körper an.
Beim **Pulli** legen Sie zuerst den dunkelblauen Nicki doppelt. Übertragen Sie dann einmal den Schnitt an die Bruchkante. Nähen Sie die Ärmel- und Seitennähte und schneiden Sie die Form aus. Danach säumen Sie die Unterkante von Hand. Nachdem Sie auch die Rollsäume gearbeitet haben, können Sie den Pulli anpassen.
Gestalten Sie die **Frisur**, indem Sie einfach einen Streifen Mohairplüsch von einem Ohr zum anderen festnähen.
Entsprechend den Maßangaben übertragen Sie das Rechteck für die **Mütze** auf den dunkelblauen Nicki. Das Teil ausschneiden und die hintere Naht schließen. Danach arbeiten Sie einen Rollsaum entlang der Oberkante. Ziehen Sie die Stoffkante zusammen und verknoten Sie die Fadenenden. Dann die Mütze mit wenig Füllwatte ausstopfen, die Unterkante etwas einschlagen und so die Mütze auf den Kopf nähen.
Für den **Zweig** schneiden Sie einen 0,5 cm breiten Streifen aus dem hellbraunen Filz zu. Streichen Sie ihn mit Leim ein und kleben Sie ihn spiralförmig um den Blumendraht. Schneiden Sie dann die **Blätter** entsprechend dem Schnittteil zu: fünfmal aus dem mittelgrünen Filz und sechsmal aus dem olivgrünen Filz. Arbeiten Sie die Abnäher und kleben Sie die Blätter an den mit Filz umwickelten Draht.

Tomate

Vorlagenbogen Seite A

Material

- *kleines Gestell*
- *Gesichtstrikot*
- *Filz in Olivgrün und Rot*
- *Nickistoff in Dunkelgrün und Rot*
- *Mohairplüsch in Blond*
- *rot kariertes Satinband, 25 cm lang*
- *Baumwollnähgarn in Rot, Grün und Beige*
- *Füllwatte*
- *Puppenvlies*

So wird's gemacht

Beachten Sie grundsätzlich die Anleitung zur Fertigung des Puppengrundtyps auf Seite 8 bis 12 sowie die Verarbeitungstipps auf Seite 7. Entsprechend bereiten Sie dann den Puppentyp 1 vor. Überziehen Sie das Gesicht mit dem Gesichtstrikot. Bevor Sie die Hände überziehen, polstern Sie Arme und Beine mit schmalen Vliesstreifen aus. Nähen Sie auch gleich die Schuhe aus dem dunkelgrünen Nicki. Die Augen in Braun und die Lippen in zartem Rot aufmalen.

Legen Sie den roten Nicki doppelt und übertragen Sie den Schnitt für den **Anzug** im Stoffbruch. Nähen Sie Ärmel-, Schritt- und Seitennähte und schneiden Sie den Anzug aus. An Hals-, Bein- und Armöffnungen arbeiten Sie einen Rollsaum. An den Beinen legen Sie die seitliche Dreiecksmarkierung jeweils auf die untere (Naht auf Naht) und nähen Sie die Ecken quer ab. Nach dem Anziehen polstern Sie den Anzug durch den Halsausschnitt mit Füllwatte aus. Danach können Sie die Rollsaumkanten anpassen.
Für die **Haare** nähen Sie einen Streifen Mohairplüsch von Ohr zu Ohr fest.
Als nächstes schneiden Sie die **Mütze** ebenfalls aus dem roten Nickistoff zu: zweimal das Seitenteil und einmal das Mittelteil. Nähen Sie das Mittelteil zwischen die Seitenteile. Dann arbeiten Sie den Rollsaum. Bevor Sie nun die Mütze anpassen, geben Sie etwas Füllwatte hinein.
Den **Kragen** und die **Blütenblätter** einmal aus dem grünen Filz zuschneiden. Nun zuerst den Kragen aufschneiden, den Rollsaum arbeiten und den Kragen um den Hals legen. Danach die Blätter für die Mütze auf den Hinterkopf nähen und dabei die Mitte etwas in die Mütze einziehen.
Zuletzt legen Sie das Satinband um den Bauch und binden es dekorativ zur Schleife.

Zapfenkind

Vorlagenbogen Seite A

Material

- *kleines Gestell*
- *Gesichtstrikot*
- *Nickistoff in Braun*
- *Filz in Braun und Olivgrün*
- *Stickgarn in Olivgrün*
- *Mohairplüsch*
- *Baumwollnähgarn in Grün, Braun und Beige*
- *etwas Füllwatte*
- *Fichtenzapfen*

So wird's gemacht

Beachten Sie grundsätzlich die Anleitung zur Fertigung des Puppengrundtyps auf Seite 8 bis 12 sowie die Verarbeitungstipps auf Seite 7. Entsprechend bereiten Sie dann den Puppentyp 1 vor. Überziehen Sie Gesicht und Hände mit dem Gesichtstrikot. Malen Sie die Augen in Braun. Den kreisrunden Mund in Rot aufmalen.

Umkleiden Sie die Beine mit braunem Filz: Die Zuschnittteile um die Beine legen und die Naht auf der Rückseite mit Handstichen schließen.
Für den **Hosenzuschnitt** legen Sie nun den braunen Nicki rechts auf rechts aufeinander. Nähen Sie nun zuerst die Seitennähte innen und außen und schneiden Sie dann die Hose aus. Danach arbeiten Sie die Rollsäume. Ziehen Sie die Hose über und passen Sie diese dem Körper an; achten Sie darauf, dass ein Stück Bein sichtbar bleibt.
Der **Kittel** wird ebenfalls aus braunem Nicki gefertigt. Legen Sie auch hier den Stoff doppelt rechts auf rechts. Die Schultern liegen an der Bruchkante. Arbeiten Sie zuerst die Ärmel- und Seitennähte und schneiden Sie dann die Kittelform aus. Nun können Sie den Saum an der Unterkante sowie einen Rollsaum entlang den Ärmelsaumkanten arbeiten. Danach passen Sie den Kittel dem Körper an.
Für die **Haare** schneiden Sie einfach einen Streifen Mohairplüsch entsprechend dem Kopfumfang zu und nähen diesen um den Kopf herum auf.
Für den **Hut** schneiden Sie das Schnittteil einmal in doppelter Stofflage aus dem braunen Filz zu. Steppen Sie nun zuerst die runde Kante ab. Den Hut wenden, mit Füllwatte ausstopfen und danach auf dem Kopf aufnähen. Von einem Fichtenzapfen die einzelnen Schuppen lösen und mit Bastelleim am Hut fixieren.
Für den **Kragen** benötigen Sie sechzehn 6,0 x 0,4 cm große Filzstreifen. Streichen Sie zwei Drittel eines jeden Streifens mit Leim ein. Rollen Sie die eingestrichene Fläche zwischen den Handflächen fest auf, um sie so zur Spitze zu formen. Die entstandenen »Tannennadeln« auf Garn auffädeln und um den Hals binden.
Jetzt alle **Schuhteile** aus dem braunen Filz zuschneiden und links auf links im Knopflochstich mit olivgrünem Stickgarn zusammennähen: Dazu jeweils zuerst die Zunge mit der Rundung in das Schuhseitenteil einnähen. Dann die hintere Naht schließen und zuletzt die Sohle einnähen. Arbeiten Sie einen Rollsaum an der Schuhoberkante und passen Sie die Schuhe direkt an den Puppenfüßen an. Zum Schluss kleben Sie eine kleine Zapfenschuppe als Lasche dazu.

Perfekt

wird der Hut, wenn die einzelnen Schuppen von unten nach oben in Runden aufgeklebt werden.

Schneeglöckchen

Vorlagenbogen Seite A

Material

- *mittelgroßes Gestell*
- *Gesichtstrikot*
- *Baumwollstoff in Weiß und Grün*
- *Filz in Weiß und Grün*
- *Blumendraht, einmal 19 cm und zweimal 10 cm lang*
- *Stickvlies*
- *Baumwollnähgarn in Weiß, Grün und Beige*
- *etwas Füllwatte*
- *Bouclëwolle in Braun*

So wird's gemacht

Beachten Sie grundsätzlich die Anleitung zur Fertigung des Puppengrundtyps auf Seite 8 bis 12 sowie die Verarbeitungstipps auf Seite 7. Entsprechend bereiten Sie dann den Puppentyp 2 vor. Überziehen Sie Gesicht, Hände und Beine mit dem Gesichtstrikot. Malen Sie die Augen in Braun. Den kreisrunden Mund in Rot aufmalen.

Schneiden Sie die **Passe** sowie den **Rock** aus der weißen Baumwolle zu und versäubern Sie die Kanten. Übertragen Sie dann auch die beiden Bogenkonturen vom Rockteil. Das Stickvlies unter die Saumkante legen und die untere Bogenkontur im geschlossenen Zickzackstich mit weißem Nähgarn übernähen. Verwenden Sie die Stickschere zum Ausschneiden. Arbeiten Sie dann die darüber liegende Bogenkontur und verwenden Sie dazu grünes Garn. Jetzt die Rockteile versäubern und ihre obere Kante einkräuseln. Danach je ein Rockteil zwischen der Markierung an Vorder- und Rückteil der Passe nähen. Schließen Sie dann die Ärmel- und Seitennähte und arbeiten Sie die Rollsäume.
Als nächstes übertragen Sie dreimal das große **Blütenblatt** auf weißen Stoff. Die kleinen Blütenblätter einmal auf grünen Stoff übertragen. Zum Umsticken der Blattkonturen Stickvlies unterlegen und jede Blattkontur mit der passenden Garnfarbe im Zickzackstich übernähen. Die Blütenblätter ausschneiden und an der Taillennaht des Kleides befestigen. Zuletzt das Kleid über die Puppe ziehen und die Rollsäume entsprechend anpassen.
Für die **Haare** häkeln Sie aus der braunen Bouclëwolle eine Kappe. Nähen Sie diese mit Handstichen um den Kopf herum auf.
Für den **Blütenstiel** schneiden Sie einen 0,5 cm breiten, grünen Filzstreifen zu. Streichen Sie ihn mit Leim ein und kleben ihn spiralförmig um den 19,0 cm langen Blumendraht. Schneiden Sie dann viermal das Stielblatt zu. Die Blätter paarweise zusammenkleben und dabei jeweils einen 10,0 cm langen Draht dazwischen legen. Befestigen Sie nun zuerst die Blätter am Stiel und nähen Sie diesen danach an die Hand.
Für den **Kopfschmuck** schneiden Sie dann die kleine Blüte aus weißem Filz zu. Nachdem Sie die obere Bogenkontur mit grünem Garn überstickt haben, können Sie die Schmalseiten schließen. Arbeiten Sie dann an der Oberkante einen Rollsaum. Die Kante zusammenziehen und die Blüte auf dem Kopf befestigen. Zuletzt nähen Sie oben an der Blüte noch drei weiße Blütenblätter dazu. Für den Blütenkelch schneiden Sie das Rechteck aus dem grünen Filz zu und schließen es zum Ring. Diesen mit der Unterkante voran auf der Blüte befestigen. An der Oberkante einen Rollsaum arbeiten und die Kante etwas zusammenziehen. Den Kelch mit Füllwatte ausstopfen und das Stielende mit hineinstecken. Zuletzt die Rollkante völlig zuziehen und die Fadenenden gut vernähen.

Kapuzinerkresse

Foto Seite 25; Vorlagenbogen Seite B

Material

- *mittelgroßes Gestell*
- *Gesichtstrikot*
- *Nickistoff in Dunkelgrün*
- *Filz in Grün, Rot, Gelb und Braun*
- *Mohairplüsch in Braun*
- *Baumwollnähgarn in Grün, Gelb, Rot, Braun und Beige*
- *Stickgarn in Grün*
- *Blumendraht, 50 cm lang*
- *etwas Füllwatte*

So wird's gemacht

Beachten Sie grundsätzlich die Anleitung zur Fertigung des Puppengrundtyps auf Seite 8 bis 12 sowie die Verarbeitungstipps auf Seite 7. Entsprechend bereiten Sie dann den Puppentyp 2 vor. Überziehen Sie Gesicht, Hände und Beine mit dem Gesichtstrikot. Malen Sie die Augen in Braun. Den kreisrunden Mund in Rot aufmalen.

Für die **Hose** legen Sie den Nickistoff rechts auf rechts aufeinander. Schließen Sie alle Seitennähte und schneiden Sie dann die Hose aus. Danach arbeiten Sie die Rollsäume. Ziehen Sie die Hose über und passen Sie diese so an, dass ein Stück Bein sichtbar bleibt.
Legen Sie das Schnittteil für das **Hemd** am Stoffbruch des Nickistoffes an und schließen Sie die Ärmel- und Seitennähte. Das Hemd ausschneiden und entlang der Unterkante von Hand säumen. Arbeiten Sie die Rollsäume und passen Sie das Hemd an.
Für die **Haare** benötigen Sie einen ausreichend langen und 3,5 cm breiten Streifen aus Mohairplüsch. Den Streifen zum Ring schließen und auf dem Kopf platzieren; entlang der Unterkante festnähen. Entlang der Oberkante einen Rollsaum arbeiten. Die Kante zusammenziehen und die Fadenenden vernähen.
Als nächstes alle **Schuhteile** aus dem braunen Filz zuschneiden und links auf links im Knopflochstich mit olivgrünem Stickgarn zusammennähen: Dazu jeweils zuerst die Zunge mit der Rundung in das Schuhseitenteil einnähen. Dann die hintere Naht schließen und zuletzt die Sohle einnähen. Zum Schluss arbeiten Sie einen Rollsaum an der Schuhoberkante, um die Schuhe optimal anpassen zu können.
Arbeiten Sie anschließend die **Rankenblätter** und die Fruchtstände. Dazu benötigen Sie drei 12 cm und zwei 7 cm lange Drahtstiele. Umwickeln Sie jeden Drahtabschnitt spiralförmig mit einem 0,5 cm breiten, grünen und auf einer Seite mit Leim eingestrichenen Filzstreifen. Danach schneiden Sie drei große und zwei kleine Rankenblätter sowie drei Fruchtstandteile aus dem grünen Filz aus. Die großen Blätter an einem Ende der längeren Drahtstücke aufkleben; die beiden kleinen Blätter auf den Kopf nähen. Um die Fruchtstände zu fertigen, arbeiten Sie entlang jeder Kreiskante mit Stickgarn einen Rollsaum. Diesen etwas einhalten und mit Füllwatte ausstopfen. Dann fest zuziehen. Den Stickfaden mehrmals von unten, außen herum, durch die Mitte der entstandenen Kugel führen und jedes Mal fest anziehen, so dass einzelne Segmente entstehen. Zwei Fruchtstände an einem Ende der kurzen Drähte aufkleben, den übrigen Fruchtstand auf einen Schuh nähen.
Für die **Blüten** schneiden Sie zwei Blütenstempel aus dem gelben Filz zu. Diese entlang einer Längsseite fransig einschneiden, an der gegenüberliegenden Kante aufrollen und das Ende fixieren. Schneiden Sie außerdem zehn Blütenblätter aus dem roten Filz zu. Davon jeweils fünf Blätter an einen Stempel nähen. Das Schnittteil für den Blütenkelch zweimal aus gelbem Filz zuschneiden, jeweils eine Tüte formen und von hinten gegen die Blüten kleben. Zuletzt befestigen Sie Blatt, Blüte und Fruchtstände an den Händen.

Vergissmeinnicht

Vorlagenbogen Seite A

Material

- *mittelgroßes Gestell*
- *Trikotstoff in Weiß*
- *Gesichtstrikot*
- *Baumwollstoff in Blau und Grün*
- *Filz in Wollweiß, Mittelblau und Grün*
- *grün kariertes Satinband, 30 cm lang*
- *Vliesofix*
- *Stickvlies*
- *Baumwollnähgarn in Beige, Weiß und Mittelblau*
- *Mohairwolle in Blond*
- *Blumendraht, 20 cm lang*

So wird's gemacht

Beachten Sie grundsätzlich die Anleitung zur Fertigung des Puppengrundtyps auf Seite 8 bis 12 sowie die Verarbeitungstipps auf Seite 7. Entsprechend bereiten Sie dann den Puppentyp 2 vor. Überziehen Sie Gesicht und Hände mit dem Gesichtstrikot; die Beine mit weißem Trikotstoff überziehen. Malen Sie die Augen in Blau. Den Mund in Rot aufmalen.

Schneiden Sie das **Kleid** einmal im Stoffbruch etwas länger aus dem blauen Baumwollstoff zu. Das Teil auseinander klappen, die Bogenkontur übertragen und im geschlossenen Zickzackstich mit blauem Garn übersticken; zuvor Stickvlies unterlegen! Schneiden Sie dann den überstehenden Stoff mit der Stickschere ab. Danach schließen Sie die Ärmel- und Seitennähte. Um das Kleid leichter über die Puppe ziehen zu können, in der hinteren Mitte vom Halsausschnitt aus etwas einschneiden. Arbeiten Sie die Rollsäume und passen Sie das Kleid an; dabei auch die hintere Einschnittstelle schließen. Schneiden Sie dann den Blütenkragen aus dem wollweißen Filz zu. Den Kragen an einer Stelle aufschneiden, um den Hals legen und mit Handstichen schließen.

Die **Haare** sticken Sie mit der Mohairwolle.
Danach schneiden Sie die **Blütenblätter** sowie einen 1 cm breiten Streifen aus dem mittelblauen Filz zu. Den Streifen entsprechend dem Kopfumfang anpassen und die **Blütenblätter** leicht überlappend an den Streifen steppen. Den so entstandenen Blütenkranz um den Kopf legen und festnähen.
Für die Blattstiele einen 0,5 cm breiten, grünen Filzstreifen mit Klebstoff einstreichen und damit den Blumendraht spiralförmig umwickeln. Dann den Draht halbieren.
Nun Vliesofix auf grünen Filz bügeln und zwei **Stielblätter** ausschneiden. Schneiden Sie ebenfalls zwei Stielblätter aus dem grünen Baumwollstoff zu. Je einen Blumendraht zwischen ein Filz- und Stoffblatt legen und fest zusammenbügeln. Beide Blätter an einer Hand annähen.
Danach das Satinband um den Hals binden.
Nun schneiden Sie noch zweimal die **Schuhsohle** sowie auch das Oberblatt aus dem mittelblauen Filz zu. Nähen Sie die Teile im Knopflochstich zusammen. Danach ziehen Sie die Schuhe an.

Perfekt

werden die grünen Blätter, wenn sie nach dem Zusammenbügeln mit der kleinen Stickschere nachgeschnitten werden.

Frau Sonnenblume mit Baby

Vorlagenbogen Seite B

Material

- *großes und kleines Gestell*
- *Gesichtstrikot*
- *Filz in Dunkelgrün, Grün und Gelb*
- *Nickistoff in Gelb und Braun*
- *Baumwollstoff in Gelb*
- *Vliesofix*
- *grün kariertes Satinband*
- *Mohairwolle in Blond*
- *Perlgarn in Braun*
- *kleine Holzperlen in Braun*
- *Baumwollnähgarn in Grün, Gelb, Beige und Braun*

So wird's gemacht

Beachten Sie grundsätzlich die Anleitung zur Fertigung des Puppengrundtyps auf Seite 8 bis 12 sowie die Verarbeitungstipps auf Seite 7. Entsprechend bereiten Sie dann für die Sonnenblume den Puppentyp 3 und für das Baby den Puppentyp 1 vor. Überziehen Sie Gesicht und Hände mit dem Gesichtstrikot. Nähen Sie auch gleich die Schuhe aus braunem Nicki. Malen Sie die Augen in Braun. Den kreisrunden Mund in Rot aufmalen. Tragen Sie außerdem etwas Rouge auf die Wangen auf und vervollständigen Sie das Gesicht mit zarten Sommersprossen.

Fertigen Sie nun zuerst Frau Sonnenblume: Dazu vier **Rockbahnen** aus gelbem Nicki zuschneiden. Nähen Sie die Teile zusammennähen und säumen Sie die Unterkante. Zuletzt einen Rollsaum entlang der Bundkante arbeiten, um den Rock am Körper anpassen zu können. Nun das **Blatt** mit Abnäher viermal aus dem dunkelgrünen Filz sowie zweimal aus dem hellgrünen Filz zuschneiden. Arbeiten Sie die Abnäher. Danach schneiden Sie den Rand in eine leicht wellige, unregelmäßige Form.

Vor dem Zuschnitt des **Oberteils** aus dunkelgrünem Filz die Ärmel- und Seitennähte schließen. Danach das Rückteil entlang der Mitte vom Halsausschnitt aus aufschneiden. Arbeiten Sie dann die Rollsäume. Arrangieren Sie die vier dunkelgrünen Blätter entlang der unteren Oberteilkante und nähen Sie sie fest. Nun das Oberteil über die Puppe ziehen und die Rollkanten dem Körper anpassen. Danach können Sie die Naht am Rückteil von Hand schließen.

Die **Haare** gestalten Sie, indem Sie den Kopf mit Mohairwolle besticken. Häkeln Sie außerdem ein Haarnetz aus Perlgarn und arbeiten Sie dabei immer drei Luftmaschen pro Bogen. Danach das Netz auf den Kopf nähen und die Holzperlen darüber verteilt aufnähen.

Für die **Blütenblätter** bügeln Sie nun mit Hilfe von Vliesofix gelben Baumwollstoff auf gelben Filz; das Blütenblatt neunmal ausschneiden. Dann fächerförmig zusammennähen und als Blütenkranz auf den Hinterkopf kleben. Arbeiten Sie danach bei den übrigen hellgrünen Blättern einen Rollsaum entlang der geraden Kante auf einen Faden; so um den Hals binden, dass auf jeder Schulter ein Blatt liegt. Satinband umbinden.

Dann kommt das **Baby**: Übertragen Sie den **Anzugschnitt** auf den doppelt gelegten, gelben Nicki. Nähen Sie zuerst die Ärmel- und Seitennähte. Schneiden Sie dann das Teil aus. Arbeiten Sie nach dem Wenden die Rollsäume, um den Anzug anpassen zu können.

Nun das **Blatt** mit dem Abnäher einmal aus dunkelgrünem Filz sowie das Blütenblatt siebenmal aus gelbem Filz ausschneiden. Beim grünen Blatt zuerst den Abnäher nähen. Danach die Blattkante in leicht wellige, unregelmäßige Form schneiden. Arbeiten Sie den Rollsaum und binden Sie das Blatt als Lätzchen um den Hals. Für die **Frisur**, das **Haarnetz** und den **Blütenkranz** können Sie sich an die Anleitung halten wie bei der Sonnenblume.

Heimwerker

Vorlagenbogen Seite A

Material

- *großes Gestell*
- *Gesichtstrikot*
- *Baumwollstoff in Blau*
- *karierter Baumwollstoff*
- *Filz in Schwarz*
- *Mohairplüsch*
- *Baumwollnähgarn in Blau, Schwarz und Beige*
- *2 Knöpfe in Blau*
- *Vliesofix*

So wird's gemacht

Beachten Sie grundsätzlich die Anleitung zur Fertigung des Puppengrundtyps auf Seite 8 bis 12 sowie die Verarbeitungstipps auf Seite 7. Entsprechend bereiten Sie dann den Puppentyp 3 vor. Überziehen Sie Gesicht, Arme und Beine mit dem Gesichtstrikot. Malen Sie die Augen in Braun mit einem weißen Lichtpunkt. Die Lippen mit einem roten Wachsmalstift leicht einfärben.

Arbeiten Sie zuerst das **Hemd**: Dazu den karierten Stoff rechts auf rechts legen und den Schnitt einmal im Bruch zuschneiden. Dann die Ärmel- und Seitennähte in einem Arbeitsgang schließen. Für den Ärmelaufschlag die Saumkante 2,5 cm auf links einsäumen. Dann auf rechts umschlagen. Arbeiten Sie dann den Rollsaum und passen Sie das Hemd an.

Für die **Hose** legen Sie den blauen Stoff doppelt rechts auf rechts. Zeichnen Sie die beiden Schnittteile auf, nähen Sie jeweils die Mittelnaht des Beines und schneiden Sie die Teile aus. Nun werden als nächstes die Taschen genäht: Die beiden Schnittmuster zweimal bzw. einmal auf den doppelt gelegten Stoff übertragen und entlang der Konturen abnähen. Danach die Teile ausschneiden und je eine Stofflage mittig einschneiden. Die Taschen wenden, die Naht kantig bügeln und knapp absteppen. Die Hosentaschen auf die beiden Hosenbeine aufnähen. Nun legen Sie beide Hosenteile rechts auf rechts. Schließen Sie die Außennähte, säumen Sie die Hose und nähen Sie dann die Innennähte. Danach die Hose auf rechts wenden. Für den Latz und die Hosenträger wiederum zuerst die Konturen abnähen; die Unterkante beim Latz sowie die Schmalseiten bei den Hosenträgern offen lassen. Die Teile ausschneiden und auf rechts wenden. Die Tasche auf dem Latz festnähen. Nun die Bundkante der Hose schmal einschlagen und mit eingeschobenem Latz am Hosenvorderteil rundum absteppen. Danach auf der Hosenrückseite die Träger annähen. Die losen Trägerenden mit jeweils einem Knopf oben am Latz befestigen.

Als nächstes fertigen Sie die **Perücke** an. Schneiden Sie das Schnittmuster entsprechend aus Plüsch zu. Schließen Sie die Abnäher sowie auch die hintere Mittelnaht. Überprüfen Sie zuerst die Passform und nähen Sie dann die Perücke auf.

Zuletzt arbeiten Sie die **Pantoffeln**: Bügeln Sie zwei schwarze Filzteile mit Hilfe von Vliesofix zusammen. Übertragen Sie zweimal das Schnittmuster von Sohle und Oberblatt. Steppen Sie jeweils ein Oberblatt knappkantig auf eine Sohle. Danach können Sie die Pantoffeln der Puppe anziehen.

Geben Sie dem Heimwerker ein rotes Taschentuch, ein Hämmerchen, einen Drillbohrer, einen Bleistift und ein Holzbrettchen.

Weinfreund

Vorlagenbogen Seite B

Material

- *mittelgroßes Gestell*
- *Gesichtstrikot*
- *Babycord in Grün*
- *karierter Baumwollstoff*
- *Leder in Braun*
- *Filz in Braun*
- *Baumwollnähgarn in Braun, Grün und Beige*
- *Mohairplüsch*
- *Puppenvlies*

So wird's gemacht

Beachten Sie grundsätzlich die Anleitung zur Fertigung des Puppengrundtyps auf Seite 8 bis 12 sowie die Verarbeitungstipps auf Seite 7. Entsprechend bereiten Sie dann den Puppentyp 2 mit einem hautfarbenen Gesichtstrikot für eine Halbglatze vor. Überziehen Sie auch gleich Arme und Beine mit dem gleichen Trikot. Polstern Sie außerdem den Bauch der Puppe mit einem 6 x 5 cm großen, geteilten Vliesstück auf. Malen Sie die Augen in Braun. Die Lippen mit einem Wachsmalstift in zartem Rot nachmalen. Fertigen Sie gleich im Anschluss den Haarkranz wie auf Seite 12 beschrieben.

Legen Sie den karierten Stoff für das **Hemd** rechts auf rechts doppelt und schneiden Sie das Hemd einmal im Bruch zu. Dann die Ärmel- und Seitennähte schließen. Für den Ärmelaufschlag die Saumkante 3 cm auf links mit Hand einsäumen, dann auf rechts umschlagen. Arbeiten Sie den Rollsaum am Halsausschnitt und passen Sie das Hemd der Puppe an.
Schneiden Sie die **Hose** aus dem Cordstoff zu. Schließen Sie zunächst die Außennähte, säumen Sie dann die Hosenbeine und schließen Sie zum Schluss die Innennähte. Ziehen Sie der Puppe die Hose an, schlagen Sie die Bundkante knappkantig um und nähen Sie die Hose mit Handstichen gut am Hemd fest.

Fertigen Sie die **Schürze** aus möglichst dünnem Leder. Schneiden Sie die Schürzenteile je einmal zu. Nähen Sie die Tasche knappkantig auf und schneiden Sie beim Schürzenteil beidseitig einen Schlitz. Für die Bänder zwei Streifen von 0,5 x 18,0 cm schneiden und am Schürzenlatz festnähen. Beim Anziehen der Schürze werden nun die Bänder durch die Schlitze gezogen, hinten über Kreuz, dann wieder nach vorne geführt und über dem Bauch gebunden.
Schneiden Sie die **Schuhteile** aus dem braunen Filz zu. Nähen Sie die Teile links auf links im Knopflochstich zusammen: Dazu jeweils zuerst die Zunge mit der Rundung in das Schuhseitenteil einnähen. Schließen Sie dann die hintere Schuhnaht und nähen Sie zuletzt die Sohle ein. Zum Schluss den Rollsaum entlang der Oberkante arbeiten und die Schuhe anpassen.
Geben Sie dem Weinfreund ein rotes Taschentuch in die Schürzentasche und nähen Sie ein Weinglas und eine Weinflasche an die Hand.

RHEINHESSEN
1986er
Silvaner Spätlese
INHESSEN
1989er
Schloss Eltz
Riesling

Angler

Vorlagenbogen Seite A

Material

- *großes Gestell*
- *Gesichtstrikot*
- *karierter Baumwollstoff*
- *Baumwollstoff in Grün und Dunkelrot*
- *Mohairplüsch*
- *2 Knöpfe in Schwarz*
- *Plastikstiefel in Schwarz*
- *Baumwollnähgarn in Rot, Grün, Beige und Schwarz*

So wird's gemacht

Beachten Sie grundsätzlich die Anleitung zur Fertigung des Puppengrundtyps auf Seite 8 bis 12 sowie die Verarbeitungstipps auf Seite 7. Entsprechend bereiten Sie dann den Puppentyp 3 vor. Überziehen Sie das Gesicht und die Arme mit dem Gesichtstrikot. Malen Sie die Augen in Braun mit einem weißen Lichtpunkt. Die Lippen mit einem Wachsmalstift in zartem Rot nachmalen.

Legen Sie den karierten Stoff rechts auf rechts zusammen und übertragen Sie den Schnitt für das **Hemd** am Bruch. Die Form ausschneiden und die Schnittkanten versäubern. Säumen Sie dann die Ärmelkanten schmal ein. Danach die Ärmel- und Seitennähte schließen. Arbeiten Sie den Rollsaum und passen Sie das Hemd an.
Nun schneiden Sie Vorder- und Rückteil der **Hose** aus dem dunkelgrünen Stoff zu. Zuerst die Seitennähte innen und außen schließen. Danach arbeiten Sie den Latz und die Hosenträger: Den Stoff doppelt legen, das Schnittmuster für den Latz und die Hosenträger übertragen und entlang den Konturen abnähen; dabei die Unterkante beim Latz sowie die Schmalseiten bei den Hosenträgern offen lassen. Die Teile ausschneiden und auf rechts wenden. Nun die Bundkante der Hose schmal einschlagen und mit eingeschobenem Latz am Hosenvorderteil rundum absteppen. Danach auf der Hosenrückseite die Träger annähen. Vor dem Anziehen der Hose müssen Sie die Puppenfüße entfernen. Arbeiten Sie dann noch den Rollsaum an den Beinen und ziehen Sie diesen in Kniehöhe fest an. Die losen Trägerenden mit jeweils einem Knopf oben am Latz festnähen.
Schneiden Sie auch die **Weste** aus dem dunkelgrünen Stoff zu. Sie benötigen einmal die Weste als Futterteil und einmal als Oberstoffteil; entsprechend den Schnittangaben zuschneiden. Danach jeweils zuerst die Schulternähte schließen. Für die Taschen den Stoff rechts auf rechts zusammenlegen. Nun die Konturen übertragen und rundum abnähen. Danach die Teile ausschneiden und jeweils eine Lage mittig einschneiden. Die Taschen wenden, ringsherum knappkantig absteppen und bei der Außenweste der Abbildung entsprechend aufnähen. Zum Verstürzen der Innen- und Außenweste legen Sie jetzt die beiden Westenteile kantenbündig, rechts auf rechts, aufeinander. Nähen Sie dann entlang der Unterkante, der linken und rechten Vorderkante sowie entlang dem Halsausschnitt. Danach auch die Armausschnitte abnähen. Achten Sie darauf, dass Sie nicht bis zu den Seitenkanten hinausnähen. Beenden Sie jeweils die Naht auf der Nahtlinie der folgenden Seitennaht! Danach die Weste wenden. Die Seitennähte der Außenweste maschinell schließen und die Seitennähte der Innenweste von Hand zusammennähen.
Schneiden Sie nun die **Perücke** aus dem Mohairplüsch zu. Schließen Sie die Abnäher sowie auch die hintere Naht. Danach befestigen Sie die Perücke auf dem Kopf.
Fertigen Sie die **Mütze** aus dem dunkelroten Stoff. Schneiden Sie den Mützendeckel zu und arbeiten Sie einen Rollsaum entlang der Kante. Für den Mützenschirm legen Sie den Stoff rechts auf rechts, übertragen Sie das Schnittteil und steppen Sie entlang der Rundung ab. Das Teil ausschneiden, wenden und rundum knappkantig absteppen. Schneiden Sie dann einen Schrägstreifen von 19,0 cm Länge und 1,5 cm Breite und schließen Sie ihn zum Ring. Ziehen Sie den Mützendeckel auf die Weite des Stoffringes zusammen und nähen Sie ihn rechts auf rechts entlang einer Kante an; dabei den Schirm mitfassen. Die lose Kante des Schrägstreifens nach innen einschlagen und von Hand festnähen.

Arzt

Vorlagenbogen Seite B

Material

- *großes Gestell*
- *Gesichtstrikot*
- *Baumwollstoff in Weiß*
- *Filz in Weiß und Rot*
- *Mohairplüsch*
- *Baumwollnähgarn in Weiß und Beige*
- *2 Knöpfe in Weiß*
- *Wattevlies*
- *Wollfaden in Weiß*
- *Brille*

So wird's gemacht

Beachten Sie grundsätzlich die Anleitung zur Fertigung des Puppengrundtyps auf Seite 8 bis 12 sowie die Verarbeitungstipps auf Seite 7. Entsprechend bereiten Sie dann den Puppentyp 3 mit dem Gesichtstrikot für eine Halbglatze vor. Überziehen Sie auch gleich Hände und Beine mit dem gleichen Trikot. Polstern Sie außerdem den Bauch der Puppe mit einem 7 x 7 cm großen, geteilten Vliesstück auf. Malen Sie die Augen in Braun mit einem Lichtpunkt. Die Lippen mit einem Wachsmalstift in zartem Rot nachmalen. Fertigen Sie gleich im Anschluss den Haarkranz wie auf Seite 12 beschrieben.

Legen Sie den weißen Stoff rechts auf rechts und übertragen Sie das Schnittmuster für das **Hemd** entlang der Bruchlinie. Nähen Sie die Ärmel- und Seitennähte ab. Danach schneiden Sie das Hemd aus. Arbeiten Sie die Rollsäume und passen Sie das Hemd an.
Schneiden Sie auch die **Hose** aus dem weißen Stoff zu. Legen Sie jeweils zwei Hosenteile rechts auf rechts aufeinander und schließen Sie die Mittelnähte. Nun beide Hosenbeine rechts auf rechts aufeinander legen, erst die Außennähte schließen, dann die Hose säumen und die Innennähte schließen. Die Hose auf rechts wenden und der Puppe anziehen. Zuletzt die Bundkante schmal einschlagen und rundum am Hemd festnähen.

Jetzt fertigen Sie den **Kittel**: Den weißen Stoff entsprechend den beiden Schnittteilen zuschneiden. Zuerst die Schnittkanten versäubern, dann die vordere Mitte des Kittelteils aufschneiden. Den Besatz rechts auf rechts entlang den Vorderkanten und dem Halsausschnitt annähen. Die Teile auf rechts wenden und die Naht kantig bügeln. Arbeiten Sie dann die Taschen: Den Stoff rechts auf rechts legen, den Schnitt übertragen und entlang den Konturen rundum abnähen. Um die Teile auf rechts zu wenden, schneiden Sie je eine Stofflage mittig ein. Die Taschen bügeln und knappkantig absteppen. Kleben Sie dann noch ein Kreuz aus rotem Filz auf die Brusttasche. Diese mit den übrigen beiden Taschen entsprechend der Abbildung aufnähen. Als nächstes nun die Ärmel säumen. Schließen Sie dann die Ärmel- und Seitennähte. Den Kittel an der Unterkante säumen und entlang der Vorderkanten und der Halsausschnittkante knapp absteppen. Zuletzt die Knöpfe annähen und das Revers umbügeln.
Für die **Schuhe** schneiden Sie alle Teile aus weißem Filz zu. Nähen Sie die Teile links auf links im Knopflochstich zusammen: Dazu jeweils zuerst die Zunge mit der Rundung in das Schuhseitenteil einnähen. Schließen Sie dann die hintere Schuhnaht und nähen Sie zuletzt die Sohle ein. Zum Schluss einen Faden in die Laschen einziehen und die Schuhe damit schließen.

Perfekt

wird der Arzt, wenn Sie ihn mit einer Brille, einer Spritze und einem Stethoskop ausstatten.

Seemann

Vorlagenbogen Seite B

Material

- *großes Gestell*
- *Gesichtstrikot*
- *Baumwollstoff in Weiß und Rot*
- *blau-weiß gestreifter Nickistoff*
- *Filz in Weiß*
- *Paketschnur, 30 cm lang*
- *Baumwollnähgarn in Weiß, Blau, Rot und Beige*
- *Stickgarn in Blau*
- *Bouclèwolle in Braun*

So wird's gemacht

Beachten Sie grundsätzlich die Anleitung zur Fertigung des Puppengrundtyps auf Seite 8 bis 12 sowie die Verarbeitungstipps auf Seite 7. Entsprechend bereiten Sie dann den Puppentyp 3 vor. Überziehen Sie das Gesicht und die Hände mit dem Gesichtstrikot. Malen Sie die Augen in Braun mit einem weißen Lichtpunkt. Die Lippen mit einem Wachsmalstift in zartem Rot nachmalen. Häkeln Sie für den Bart ein schmales Rechteck aus brauner Bouclèwolle. Aus der gleichen Wolle häkeln Sie auch die Perücke. Nähen Sie zuerst den Bart auf. Danach die Perücke aufnähen.

Schneiden Sie nun die **Hose** aus dem weißen Stoff zu. Danach die Schnittkanten versäubern und alle Seitennähte schließen. Für den Hosenaufschlag arbeiten Sie dann von Hand einen 1,5 cm breiten Saum und schlagen diesen über die halbe Breite nach außen hoch. Zuletzt einen Rollsaum entlang der Bundkante arbeiten und am Puppenkörper anpassen.

Für den **Pullover** aus Nicki legen Sie den Stoff rechts auf rechts und übertragen das Schnittmuster. Zuerst die Ärmel- und Seitennähte schließen. Dann erst den Pullover ausschneiden. Nun die Unterkante von Hand einsäumen, einen Rollsaum entlang dem Halsausschnitt und der Ärmelsäume arbeiten, dann den Pulli anpassen.

Schneiden Sie den **Kragen** ebenfalls in doppelter Lage aus dem roten Stoff zu. Nähen Sie den Kragen bis auf die Wendeöffnung rundum ab. Den Kragen auf rechts wenden, die Naht kantig bügeln und rundum knapp absteppen. Flechten Sie jetzt noch aus drei gleich langen Schnurteilen einen kurzen Zopf, den Sie dann zum Ring schließen; der Durchmesser ist von der Stärke des Kragenstoffes abhängig. Zuletzt den Kragen um den Puppenhals legen und die Enden durch den geflochtenen Ring stecken.

Schneiden Sie nun den **Mützendeckel** in einfacher Lage aus dem weißen Stoff zu. Beim Zuschnitt des Schirmteils nehmen Sie den Stoff doppelt: Zuerst die Rundung abnähen, dann das Teil ausschneiden. Den Mützenschirm wenden, die Naht kantig bügeln und mit blauem Garn knapp absteppen. Anschließend wird der Mützenrand zum Ring geschlossen. Arbeiten Sie einen Rollsaum beim Mützendeckel und kräuseln Sie diesen entsprechend dem Umfang des Mützenrandes ein. Den Deckel rechts auf rechts entlang einer Kante des Stoffringes annähen und dabei das Schirmteil mitfassen. Die andere Kante nach innen schlagen und von Hand festnähen. Den Mützendeckel flach auflegen und die sich ergebende Kante knappkantig in Blau absteppen. Zuletzt die Mütze auf dem Kopf befestigen.

Für die **Schuhe** schneiden Sie alle Teile aus weißem Filz zu. Nähen Sie die Teile links auf links im Knopflochstich mit blauem Stickgarn zusammen: Dazu jeweils zuerst die Zunge mit der Rundung in das Schuhseitenteil einnähen. Schließen Sie dann die hintere Schuhnaht und nähen Sie zuletzt die Sohle ein. Zum Schluss einen blauen Faden in die Laschen einziehen und die Schuhe damit schließen.

Messdiener

Vorlagenbogen Seite B

Material

- *großes Gestell*
- *Gesichtstrikot*
- *Filz in Schwarz*
- *Nickistoff in Schwarz und Dunkelbraun*
- *Stoff, z. B. Borkenkrepp, in Weiß*
- *Satinband in Weiß, 35 cm lang*
- *Bouclewolle in Pastellgelb*
- *Baumwollnähgarn in Beige, Schwarz, Weiß und Braun*
- *40 cm Baumwollspitze, 4 cm breit*

So wird's gemacht

Beachten Sie grundsätzlich die Anleitung zur Fertigung des Puppengrundtyps auf Seite 8 bis 12 sowie die Verarbeitungstipps auf Seite 7. Entsprechend bereiten Sie dann den Puppentyp 3 vor. Überziehen Sie das Gesicht und die Hände mit dem Gesichtstrikot. Malen Sie die Augen in Braun. Den Mund in Rot aufmalen. Fertigen Sie auch gleich die Schuhe aus dem braunen Nicki.

Übertragen Sie das Schnittmuster für das **Kleid** im Stoffbruch auf den doppelt gelegten schwarzen Nicki und schließen Sie die Ärmel- und Seitennähte. Schneiden Sie das Teil aus und säumen Sie die Unterkante ein. Arbeiten Sie dann die Rollsäume und passen Sie das Kleid an.
Schneiden Sie das **Rochett** aus dem Borkenkrepp entsprechend den Schnittangaben zu. Nähen Sie zuerst die Spitze entlang der Unterkanten auf. Danach säumen Sie beide Seitenkanten schmal ein. Legen Sie dann auf Vorder- und Rückteil längsseits drei schmale Falten bis ca. 4 cm zum Saum hin ein und steppen Sie diese ab. Zuletzt arbeiten Sie den Rollsaum und passen das Rochett der Puppe an.
Nun schneiden Sie den **Kragen** aus dem schwarzen Filz aus. Steppen Sie das weiße Satinband mit etwas Abstand zur Kragenaußenkante auf. Dann den Rollsaum arbeiten und den Kragen anpassen.
Zum Schluss häkeln Sie noch für die **Haare** eine Kappe aus Bouclewolle. Die Perücke aufsetzen und rundum mit Handstichen festnähen.
Geben Sie dem Messdiener einen Rosenkranz in die Hand.

Perfekt

wird der Kragen, wenn Sie das Satinband mit Zickzackstich aufnähen.

Wandersmann

Vorlagenbogen Seite B

Material

- *mittelgroßes Gestell*
- *Gesichtstrikot*
- *karierter Baumwollstoff*
- *Babycord in Braun*
- *Filz in Braun, Rot und Grün*
- *Baumwollnähgarn in Braun, Grün, Rot und Beige*
- *Mohairplüsch*
- *Baumwollkordel in Rot*
- *Marderhaarpinsel*
- *zwei Knöpfe*

So wird's gemacht

Beachten Sie grundsätzlich die Anleitung zur Fertigung des Puppengrundtyps auf Seite 8 bis 12 sowie die Verarbeitungstipps auf Seite 7. Entsprechend bereiten Sie dann den Puppentyp 2 vor. Überziehen Sie Gesicht, Arme und Beine mit dem Gesichtstrikot. Malen Sie die Augen in Braun sowie einen kreisrunden Mund in Rot.

Schneiden Sie das **Hemd** aus dem karierten Stoff im Stoffbruch zu. Versäubern Sie zuerst die Schnittkanten und schneiden Sie dann das Hemd entlang der vorderen Mitte auf. Nun können Sie den Besatz rechts auf rechts, entlang den vorderen Kanten und dem Halsausschnitt, annähen. Den Besatz auf links einschlagen, die Naht kantig bügeln und dabei auch das Revers umbügeln. Nähen Sie die vorderen Kanten knapp überlappend aufeinander und nähen Sie dabei auch gleich beide Knöpfe mit an. Danach können Sie die Ärmel- und Seitennähte schließen. Schlagen Sie die Ärmelkante 3 cm breit auf links ein und nähen Sie sie von Hand fest. Die Ärmel nach außen aufkrempeln und das Hemd überziehen.
Für die **Hose** legen Sie den Cord rechts auf rechts zusammen. Übertragen Sie das Schnittmuster und steppen Sie die Seitennähte innen und außen ab. Danach schneiden Sie die Hose aus. Nachdem Sie die Rollsäume an den Unterkanten gearbeitet haben, ziehen Sie die Hose der Puppe an. Bestimmen Sie die Kniehöhe und passen Sie entsprechend die Rollsaumkanten an. Zuletzt schlagen Sie die Bundkante schmal ein und nähen diese mit eingelegten Bundfalten am Hemd fest.
Für die **Schuhe** schneiden Sie alle Teile aus grünem Filz zu. Nähen Sie die Teile links auf links im Knopflochstich zusammen: Nähen Sie jeweils zuerst die Zunge mit der Rundung in das Schuhseitenteil ein. Schließen Sie dann die hintere Schuhnaht und nähen Sie zuletzt die Sohle ein. Zum Schluss arbeiten Sie einen Rollsaum entlang der Oberkante, um so die Schuhe perfekt anpassen zu können.
Für die **Haare** nähen Sie einfach einen Plüschstreifen entsprechend der Kopfweite auf.
Fertigen Sie dann den **Hut** an: Legen Sie dazu den Filz doppelt und übertragen Sie einmal das Schnittteil. Nähen Sie dann entlang der Rundung. Danach das Teil ausschneiden und auf rechts wenden. Um den Hut entsprechend dem Kopfumfang anpassen zu können, ziehen Sie an der gestrichelten Linie einen Kräuselfaden ein. Beim Vernähen der Fadenenden können Sie den Hut gleichzeitig befestigen. Originell wirkt der Hut, wenn Sie noch einen Gamsbart aus gebündelten Marderhaaren und auch ein Hutband aus roter Kordel aufkleben.
Rucksack, Stock und Fotoapparat machen den Wanderer komplett.

Katze

Vorlagenbogen Seite B

Material

- *großes Gestell*
- *Gesichtstrikot*
- *Nickistoff in Braun*
- *Baumwollstoff in Braun*
- *Webpelz*
- *Tibetlammfell in Dunkelbraun*
- *Baumwollnähgarn in Braun und Beige*

So wird's gemacht

Beachten Sie grundsätzlich die Anleitung zur Fertigung des Puppengrundtyps auf Seite 8 bis 12 sowie die Verarbeitungstipps auf Seite 7. Entsprechend bereiten Sie dann den Puppentyp 3 vor. Achten Sie darauf, dass Sie Mund und Nase besonders plastisch herausarbeiten. Überziehen Sie das Gesicht und die Hände mit dem Gesichtstrikot. Zur Bemalung können Sie sich an der Abbildung orientieren.

Beginnen Sie nun mit dem **Schwanz** und legen Sie dazu den Webpelz rechts auf rechts zusammen. Übertragen Sie das Schnittmuster und nähen Sie bis auf die Wendeöffnung entlang der Kontur ab. Das Teil ausschneiden, auf rechts wenden, dann hinten am Körper der Puppe festnähen.
Für den **Anzug** legen Sie den Nicki rechts auf rechts zusammen. Übertragen Sie das Schnittteil im Stoffbruch und steppen Sie Ärmel- und Seitennähte ab. Schließen Sie auch gleich die inneren Beinnähte. Schneiden Sie nun den Anzug aus und wenden Sie ihn auf rechts. Zuletzt arbeiten Sie die Rollsäume. Ziehen Sie den Anzug über die Puppe und schneiden Sie den Stoff an der Stelle etwas ein, wo der Schwanz durchkommen soll. Die Schnittstelle wird dann um den Schwanz herum zugenäht.
Beachten Sie, dass die **Weste** aus Webpelz mit Baumwollstoff gefüttert wird. Schneiden Sie daher die Schnittteile entsprechend den Angaben zu. Schließen Sie dann jeweils zuerst die Schulternähte. Danach beide Westenteile kantenbündig, rechts auf rechts aufeinander legen und entlang den vorderen Kanten, dem Halsausschnitt sowie den Saum- und Armausschnittkanten absteppen. Achten Sie darauf, dass Sie die Nähte nicht direkt bis zu den Seitenkanten hinausnähen, sondern an der Nahtlinie der folgenden Seitennähte enden. Die Weste auf rechts wenden und die Seitennähte der Außenweste schließen. Danach die Seitennähte der Innenweste von Hand zusammennähen.
Für die **Stiefel** wiederum den Webpelz rechts auf rechts legen und das Schnittteil übertragen. Nun zuerst die Stiefelform bis auf die Oberkante abnähen, dann erst ausschneiden. Um dem Stiefel eine Sohle zu geben, müssen Spitze und Ferse quer abgenäht werden. Dafür jeweils Spitze und Ferse Naht auf Naht legen und absteppen. Dann die Stiefel auf rechts wenden und die Oberkante von Hand säumen. Danach die Stiefel anziehen.
Nun können Sie die **Perücke** aus dem Tibetlammfell anfertigen. Übertragen Sie einmal den Schnitt und schneiden Sie das Fell entsprechend zu. Nähen Sie dann zuerst die Abnäher und schließen Sie dann die hintere Naht. Danach können Sie die Perücke auf dem Kopf befestigen.
Die **Ohren** werden ebenfalls aus doppelt gelegtem Webpelz gearbeitet: Übertragen Sie auch hier zuerst das Schnittteil. Bevor Sie die Teile ausschneiden, nähen Sie diese entlang der Rundung ab. Zuletzt die Ohren auf rechts wenden und am Kopf annähen.

Perfekt

werden Weste, Stiefel und Schwanz, wenn Sie einen sehr dünnen Webpelz verwenden.

Nacht, zum Tanzen erwacht. Einmal im Jahr, an
zwischen rostigen Büchsen und ausrangierten
Katzen zum Jellicle-Ball. Es ist die Nacht, in der
Deuteronomy eine Katze erwählt, die wieder
Webber's mitreißender Musik und
Eine fantastische Inszenie-
Zuschauer begeistert hat.
7
Richtung Centrum/St. Pauli
Fußweg ca. 3 Minuten
Fußweg ca. 5 Minuten
finden Sie auf Seite 22.

Engel

Vorlagenbogen Seite B

Material

- *mittelgroßes Gestell*
- *Gesichtstrikot*
- *Taftstoff in Weiß*
- *Georgette in Weiß*
- *Stickvlies*
- *dünne Goldkordel, 30 cm lang*
- *Papierflügel in Gold*
- *Sternchendraht, 25 cm lang*
- *12 Paillettensternchen*
- *12 Rocaillesperlen in Gold*
- *Baumwollnähgarn in Weiß, Gelb und Beige*
- *Bouclèwolle in Braun*

So wird's gemacht

Beachten Sie grundsätzlich die Anleitung zur Fertigung des Puppengrundtyps auf Seite 8 bis 12 sowie die Verarbeitungstipps auf Seite 7. Entsprechend bereiten Sie dann den Puppentyp 2 vor. Überziehen Sie Gesicht, Hände und Beine mit dem Gesichtstrikot. Malen Sie die Augen in Braun. Den runden Mund in Rot aufmalen. Mit etwas Rouge auf Wangen und Stirn wirkt das Gesicht lebendiger.

Schneiden Sie das **Unterkleid** aus dem weißen Taftstoff im Stoffbruch zu. Schließen Sie dann zuerst die Ärmel- und Seitennähte. Danach versäubern Sie die Unterkante und säumen diese gleich darauf schmal ein. Zuletzt die Rollsäume arbeiten.
Für das **Überkleid** schneiden Sie zwei Rechtecke entsprechend dem Schnittteil aus weißem Georgette zu und übertragen Sie die Bogenkante mit einem Trickmarker. Stellen Sie an Ihrer Maschine einen geschlossenen Zickzackstich oder Knopflochstich ein und arbeiten Sie die Sticknaht mit weißem Garn; Stickvlies nicht vergessen! Danach den überstehenden Stoff mit einer Stickschere knapp entlang der Naht abschneiden. Alle anderen Kanten versäubern und schmal säumen. Nun die Teile 0,5 cm unterhalb der oberen Kante mit Heftstichen auf 4,5 cm einkräuseln. Die Goldkordel in vier gleich lange Stücke schneiden, jeweils oben an den Außenecken des Überkleides befestigen und die Teile damit zusammenknoten. Nähen Sie am Saum je ein Paillettensternchen und eine Rocaillesperle an den Zacken auf. Passen Sie zuerst das Unterkleid dem Körper an und drapieren Sie dann das Überkleid darüber.
Fertigen Sie dann eine **Perücke** an: Dazu aus der braunen Bouclèwolle eine Kappe häkeln und diese mit Handstichen um den Kopf herum festnähen.
Jetzt werden nur noch die Flügel auf dem Rücken befestigt und der Sternchendraht um den Kopf herum drapiert.

Perfekt

wird das Engelchen, wenn man erst das Kleid anzieht und dann die Perücke aufnäht. Dadurch muss der Halsauschnitt nicht so groß geschnitten werden und das Kleid fällt besser.

Nikolaus

Foto Seite 47; Vorlagenbogen Seite B

Material

- *großes Gestell*
- *Gesichtstrikot*
- *karierter Baumwollstoff*
- *Babycord in Beige*
- *dünner Wollstoff in Rot*
- *Filz in Schwarz*
- *Tibetlammfell*
- *Boucléwolle in Weiß*
- *Baumwollnähgarn in Rot, Weiß, Gelb, Schwarz und Beige*
- *Leder in Schwarz, 20,0 x 1,0 cm*
- *Gürtelschnalle*
- *3 Knöpfe in Gold*
- *Goldkordel*
- *Brille*
- *Puppenvlies*

So wird's gemacht

Beachten Sie grundsätzlich die Anleitung zur Fertigung des Puppengrundtyps auf Seite 8 bis 12 sowie die Verarbeitungstipps auf Seite 7. Entsprechend bereiten Sie dann den Puppentyp 3 vor. Überziehen Sie Gesicht und Hände mit dem Gesichtstrikot. Malen Sie die Augen in Braun mit einem weißen Lichtpunkt. Die Lippen mit rotem Wachsstift anmalen. Zum Aufpolstern des Bauches zupfen Sie ein 9,0 x 7,0 cm großes Vliesstück auseinander und nähen eine Hälfte davon auf.

Schneiden Sie die **Hose** aus dem Cord zu. Schließen Sie die äußeren Seitennähte und säumen Sie die Unterkante ein. Dann die Innennähte schließen und in den Ecken einschneiden. Arbeiten Sie einen Rollsaum entlang der Bundkante und passen Sie die Hose an.
Schneiden Sie das **Hemd** aus dem karierten Stoff im Stoffbruch zu und säumen Sie die Ärmelkanten ein. Schließen Sie zuerst die Ärmel- und Seitennähte. Danach säumen Sie die Hemdunterkante ein.

Arbeiten Sie nun den Gürtel und nähen Sie an einem Ende des Lederstreifens die Gürtelschnalle an. Am anderen Ende stanzen Sie Löcher ein. Danach befestigen Sie den Gürtel um den Puppenbauch.
Schneiden Sie den **Mantel** aus dem roten Wollstoff zu und versäubern Sie alle Kanten. Nähen Sie den Besatz rechts auf rechts entlang dem Halsausschnitt und den Vorderkanten an. Den Besatz auf links einschlagen, die Naht kantig bügeln und knapp absteppen. Jetzt können Sie die Ärmel säumen sowie die Ärmel- und Seitennähte schließen. Danach säumen Sie die Unterkante ein. Nähen Sie auch gleich darauf an der Vorderkante die Knöpfe an. Häkeln Sie Luftmaschenreihen aus der Boucléwolle und nähen Sie diese als Pelzverzierung entlang den Ärmelsäumen und entlang dem Mantelsaum auf. Für die Taschen steppen Sie die Stoffzuschnitte paarweise knapp aufeinander. Um die Taschen auf rechts wenden zu können, schneiden Sie jeweils eine Stofflage mittig auf. Nach dem Wenden, die Naht kantig bügeln, rundum absteppen und die Taschen auf den Mantel nähen.
Für den **Bart** schneiden Sie vom Tibetlammfell einen beliebig langen, schmalen Streifen ab. Für die Haare benötigen Sie einen dem Kopfumfang entsprechend langen, 2,5 cm breiten Fellstreifen. Nähen Sie zuerst den Bart, dann die Haare auf.
Schneiden Sie die **Mütze** viermal aus rotem Wollstoff zu. Je zwei Teile aufeinander legen und entlang der Rundung zusammennähen; bei einem Teil eine Öffnung zum Wenden lassen. Beide Mützenteile rechts auf rechts ineinander stecken und entlang der Unterkante zusammennähen. Die Mütze auf rechts wenden, knappkantig absteppen und zuletzt die Goldkordel rundum festnähen. Danach die Mütze auf dem Kopf annähen.
Für die **Stiefel** legen Sie den schwarzen Filz doppelt zusammen und übertragen zweimal das Schnittmuster. Die Stiefelform entlang des Fusses abnähen, ausschneiden, Naht auf Naht legen und an Spitze und Ferse quer absteppen. Danach die Stiefel wenden und über die Puppenfüße ziehen.